U1013013

一站一抖出健康

江海涛　编著
张颖超　传授

人民体育出版社

缘 起

我是一名中医师，在学习中医的同时还有一个业余爱好，就是传统武术。多年以来一直保持着的浓厚兴趣，使得我基本上坚持下来。但和学习中医一样，在练习拳术的过程中也会经常产生许多迷茫。一个偶然的机会认识了武术名家张颖超先生，有了张先生的发蒙解惑，才逐渐对中国武术有了初步的认识。在闲聊过程中，我们感到医理和拳理是互通的，中医和武术其实有很多交集，自古以来武术除了有防身作用以外，还有很好的强身健体作用。许多武术名家平时也擅长中医学，或者中医名家也喜欢练武术。由此我们产生了一个想法，把武术中有很好健身作用的方法挑出一些来，供有兴趣的朋友练习。

在这个广场舞风行的时代，推出这么“陈腐”的东西似乎很不合时宜，如果不能保证销售量，恐怕很多出版社都不会接这种稿子。但无论社会有多浮躁，也总会有部分稳重的人不愿意随波逐流，反而喜欢追寻一些有深度的东西。推出本书并不想和畅销书比销量，能为真正需要的朋友提供学习资料就行了。大量的实践也证明，这些健身方法确实有很好的效果，广场舞是代替不了的。好东西就要和大家分享，使它能够发挥最大的作用。有了这种想法，我们才敢在已经很热的养生大潮中再凑一把热闹，也感谢人民体育出版社给予我们这个推广的机会。

通过看书来学习武术靠谱吗？平心而论，如果想通过书本学习能搏击的武功，确实有点困难，因为一些细微之处很难通过笔墨表达出来。而如果是以健身为目的，则完全不必有这种顾虑了，因为健身训练的要求比较简单，而且我们有意选择了比较容易掌握的动作，可以说人人都能学会。

在几十年前就有了各种图书来讲解武术或体操动作，广大读者学习起来是非常费劲的，经常有人一手拿书，一手比划，有时学一个动作就需要翻前翻后。后来有了光盘，学习起来就方便多了，可以直接看到连贯的动作。近年来网络的发达，又带来了进一步的便利，以前出版一本书就好像作者把一件东西扔出去，是不是砸到目标也不知道，因为得不到读者的反馈。现在作者把书发出去，很快就能收到读者的批评和建议，读者和作者之间可以交流互动了。朋友们在阅读中有什么疑惑或指教，可以通过微信公众号或微博进行交流（搜索“江海涛”），或加入我们的 QQ 群(539292867)；如果大家对本书内容感兴趣的话，我们将来还可以通过优酷等视频网站进一步上传更详细的教学资料。总之，只要是想练习的朋友，肯定是能学会的，如果能持之以恒，也肯定会对身体有好处。

纯文字的书籍比较好编写，而这种图文并茂的书就不是我们两个人能完成的了，所以必须要感谢一些朋友的无私帮助，比如王亚松中医工作室提供场地支持，天津中医萝卜会的崔玲丽组织策划，田毅、吕斌、樊亮等人给予录像等。

前 言

我们介绍的健身方法属于中国传统的体育保健，和现代的体育有明显的区别，它有两大特点，一是重整体；二是重精神。正是由于有了这两大特点，使得它具有非常好的健身效果，这是广大练习者亲自体验以后都认可的。

大家知道，在传统文化中特别注重整体观念，这种观念渗透到我们生活和学术的方方面面。受这种观念指导的健身方法自然也具有整体性和全息性，即每一个动作都照顾到了全身，锻炼了全身的肌群，即便是相互拮抗的一对肌群也可以同时得到锻炼。不像现代体育，举重只能锻炼伸肌不能锻炼屈肌，引体向上只能锻炼屈肌不能锻炼伸肌。我们则要求伸肌和屈肌同时锻炼，这很容易被人理解成肌肉的僵硬强直，而所有人都知道肌肉僵硬是错误的锻炼方法，它使人体不够灵活，气血也不够流畅，所以我们的锻炼方法肯定不是紧张强直的。

那么怎么才能既不僵滞，同时又能全面地锻炼周身呢？这就引入了传统体育的另一个特点，即强调精神意念，用意不用力。所有的动作或姿势必须在意念的支配下完成，锻炼的是意中力，意中力是高度灵活的，而强迫肌肉僵紧使出的力则是笨拙的。提到意念，我们首先想到的是气功，气功讲究意守或运行内气等等，这是一种用意方法，属于高级的意念行为，但是不太好掌握，而且有出现偏差的风险，不是人人都能学会的，许多人也因为枯燥而不能坚持，所以不是普及性的锻炼项目。我们这里介绍的用意方法与此不同，不用意守体内的部位和关注经络运行，而是靠一种叫做“假借”的方法来完成。假借是什么呢？通俗地讲就是把假的当成真的，以假成真。比如我们初学站桩时，首先可以假借抱着一个纸球，对这个纸球的力量既不能过大，也不能过小。过大则把纸球压瘪，过小则纸球滑落。如果用意真切，就会在不知不觉中增长了力量，而这种力量是靠意念假借出来的，不像举哑铃那样虽然练得肌肉很粗壮，但属于后天的拙力，意念假借练出的力量是特别灵动的。因为它在锻炼之初就具备了双向性，对这个纸球既要抱又要撑，才能使纸球不瘪不落。我们都知道精神的层面比物质的层面要高级一些，所以我们从锻炼的开始，就注重精神训练，通过假借，实践上是锻炼了神经中枢，并提高了神经末梢对肌肉的支配能力，而不是增粗肌肉，肌肉粗壮是重视在物质层面锻炼的结果。有一段时间练习以后，我们会感觉肌肉比以前听话了，以前无法完成的动作现在可以完成，力量也比以前有所提高，但肌肉又没有明显地增粗，只是变得细长了，因为后面我们会提到有拉伸筋骨的训练。

有朋友问，我们用力只能有一个方向，既抱又撑，岂不是矛盾了？没错，就是要矛盾，这种矛盾状态需要贯穿于锻炼的全过程，不允许使单方面的劲，总是撑中有抱、开中有合、推中有拉等等，只有矛盾才能保持灵动的感觉。我们的锻炼是从传统武术中提取出来的，还保持着武术的目的，有了矛盾之力，对手就不容易摸清我们的意图，假如我们只会推或只会拉，对手就很容易借力。

那么矛盾力在健身中有什么好处呢？如果单找一方面的力，我们的精神容易偷懒，比如只有抱的意念，没有撑的意念，很快这种意念就变成了下意识的东西了，不用集中精神也能完成，因为它很简单，起不到锻炼精神或神经的作用，最终锻炼的还是形体，比练哑铃强不了多少。而如果体会矛盾用意，就能使我们的精神保持集中，并和躯体结合，也就是常说的形神合一。

跑步、跳绳等运动主要是锻炼躯体，能够很好地提高心肺功能、锻炼肌肉等，但有一个很大的缺陷就是不能锻炼精神，这是中西方体育的区别所在，也反映了中西方文化的区别，中国文化更强调精神，喜欢让人用脑子想。中国人和外国人看的戏都不一样，中国的戏曲没有机关布景，里面的山山水水都需要观众用脑子想出来，演员也要以假成真。比如奚啸伯先生在《范进中举》中有一句唱词："小河流水清悠悠，鱼儿摆尾在水面走。"

先生在演唱时盯着舞台的地板，好像真看见鱼一样，使得有些观众忍不住站起来，看看舞台上到底有没有鱼，这个可以说就是假借的结果，假想地板上真的有鱼。我们锻炼身体也是这样，假想的东西有了真实感以后，锻炼效果就大不一样了，因为这里面有了精神的力量。

有朋友认为精神是虚无缥缈的，其力量也很微弱，没有多大锻炼效果。我们干什么事都讲究形神合一，纯精神的力量当然是很微弱的，但精神与形体结合起来力量就不可低估了。王芗斋先生有句话叫“假借无穷力”，假借的感觉如果真实，能产生无穷的力量。比如我们开始是假想抱纸球，随着功力的增加，意念也可以逐渐加重，最后可假想抱铁球，这样锻炼，无形之中力量就增长了。

关于假借的力量，我们常用一首古诗举例：“林暗草惊风，将军夜引弓。平明寻白羽，没在石棱中。”这里面就存在假借，将军能把箭射入石头中，就是因为他把石头当成了猛虎，如果真的知道那是一块石头，那恐怕就不能没在石棱中了，由此可以看出精神的重要性。所以我们锻炼时除了肢体不能偷懒以外，精神也不能偷懒。千万不要只练形体，不练神意。必须形神合一地锻炼，这样每天运动完以后，不但不会感觉疲劳，反而会有神清气爽、身手轻健的感觉。

市面上各种推拿及敲击经络的方法已经不少了，我们的健身和这些方法有什么不同呢？这些方法是作用于局部的，作用于局部是为了治病，我们拍打经络不可能把浑身的经络都拍到。而且拍打的作用只是疏通，或者把别处的正气调集到拍打的地方，不是增强整体的实力，所以并不适合长久的健身。但绝不是说推拿和拍打经络的方法不好，不同的方法适用于不同的身体状态。

如果说身体有疾病，严重的失调需要药物治疗，轻微的毛病可以通过推拿等方法解决，如果身体没有明显的毛病，而是属于亚健康状态，整体无精打采，浑身无力，这时往往找不到很有针对性的推拿按摩方法，那么怎么办呢？需要运动健身培补气血并疏通气血，据说“懒病”已经成了非常流行的健康杀手，自身发懒是很难有一个好身体的，必须在运动中找出乐趣才能摆脱亚健康。其实即使用药治疗时也可以配合运动疗法，二者相辅相成。本书重点介绍的两种健身方法就是针对培补气血并疏通气血的，这两种方法即一站一抖，站桩能够增强气血，适合体质较虚的人锻炼；狮子抖铃能够疏通经络，适合体内有郁滞的人锻炼。但现代人的体质以虚瘀夹杂的为多，因为我们都知道经络类似河流，河流只有水量充沛时才流淌得顺畅，河道里水少时必然会流淌缓慢，容易有淤泥沉积。所以大部分人是需要补和通同时进行的，只是要根据自己的体质来掌握不同的比例。

需要指出的是，站桩训练绝不是我们首先推出的，前辈们已经有不少专著介绍站桩，但多从武功的角度进行讲解，我们则把其中健身的部分抽出，结合中医理论及生理学知识来介绍，这样适合更广泛的人群。狮子抖铃的训练也是一种非常好的锻炼方法，很多拳师都密而不传，所以至今未发现市面上有人介绍，我们在这里奉献出来，希望朋友们能够坚持锻炼。我们可以很负责任地说，这两种方法如果坚持好了，身体素质一定可以得到提高。

目 录

第一部分　站与抖

1. 养生桩

站桩是传统武术中的一项基本功夫，很多拳种都要靠这个桩来打基础，不练武术的人也知道，练拳需要扎马步，增强下肢的力量及稳固性等等。但我们介绍的站桩和马步桩有明显的不同，没有那么大的强度，年老体弱的人也完全能够胜任，所以叫做养生桩。通过养生桩的训练，一方面能使神经中枢得到调整，另一方面能使外周的筋骨肌肉得到适度的强壮，兼有锻炼精神和形体的效果。

养生桩的特点

我国的养生术历史悠久，而我们介绍的养生桩到底起源于何时已经无法考证，在《素问》中有这么几句话：“提挈天地，把握阴阳，呼吸精气，独立守神，肌肉若一。”虽然提到了独立守神、肌肉若一，可还无法断定就是指后世的站桩。我们的站桩是历代武林前辈流传下来的。

很多武术门派讲站桩，真正把它发扬光大、作为拳学基础的是意拳宗师王芗斋先生。王芗斋早年跟随郭云深学习形意拳，后感觉很多形意拳的练习者只追求形式，而忽略了精神内涵，为了纠正这种弊端，先生大胆改革，主张不重形而重意，“只求神意足，不求形骸似”，因而创立了意拳，强调习拳先从站桩开始，从此站桩也就成了意拳的标志性功夫。意拳的站桩分为两大类，一是养生桩；二是技击桩。当然我们主要是介绍养生桩，它有几个特点，第一是简便易学，老弱皆宜；第二是习之有效，立竿见影；第三是不重意守；第四是不练蛮力，重精神意念；第五是有病祛病，无病强身，只要锻炼就会使得身体更健康。这种运动和一般的体育运动不同，它是可以把锻炼和休息统一起来的一种运动，是在锻炼中休息，又在休息中锻炼的运动方法。

养生桩不仅是一种健身治病的运动，也是一种锻炼精神意志的功夫，通过积极的锻炼，可以心情愉快，精神焕发，从而心神安祥，不惧困难，避免悲观失望。

养生桩的练法

身体正面站立，两脚分开与肩同宽，或略微比肩宽，两脚平行，脚尖向前，不要有内八字或外八字，全脚踏地，注意重心不要太靠前或靠后，以双脚能够放松舒适为度，如果过于前倾会压迫脚趾，过于后坐又会压迫脚跟，都不利于放松，不是正确的姿势。肩井与涌泉一线相对，目视前方。双手缓缓上提到胸前，然后环抱成圆形，手指相对。然后双膝微屈。（图 1–1–1、图 1–1–2）

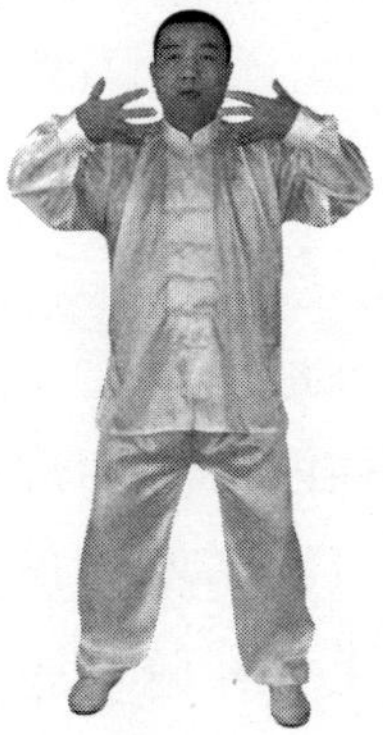

图 1-1-1

图 1-1-2

本桩的大体外形就这么简单，但细致要求起来，里面的内容非常丰富，我们来逐一讲解。

头顶要悬

首先说头部，头要正，下颌微内收，面部表情有似笑非笑之意。牙齿要上下衔接，不可用力扣合。舌尖前伸，似顶非顶。口鼻呼吸要匀称无声，不要闭气，也不要有意过长呼吸。两目向前正视，稍向上方，远望眼前景物，似有轻雾所遮，隐约可见，或两眼轻轻闭合。耳朵好像极细微的声音皆约略可闻。

整个头项部有上拔的意思，前面介绍了假借的运用，这个地方就可以有一个假借，假想上面有一根绳子把头部向上拔，如果头部上拔感到头晕的，可以改为拔大椎。同时下面尾骨处还要假借有绳子向下拔，有如坐高凳的意思。这样做的目的就是把脊柱拉开，站桩时身上所有的关节都要拉开，在拉开的基础上放松，这样气血能够顺畅地通过。

脊柱对拉

脊柱是身体的中轴，对它的锻炼最为重要，所以站桩首先要拉伸脊柱，这样上下一拉，脊柱两旁的韧带和肌肉张力增大，就加强了脊柱的稳固性。可以预防椎间盘的疾患，避免椎间孔压迫神经根，并且能够纠正脊柱侧弯等毛病，不用再去找正骨医生了。用手法正骨是一个被动的过程，效果不容易巩固，当时可能是把骨骼正了，但由于用力习惯的不科学，过不了几天可能又恢复原样了，因此不如主动锻炼，通过上下对拉，使韧带、肌肉的固定能力加强，天长日久脊柱自然就正了，就像一根弯曲的木棍，两头天天拉着它，时间长了想不直都不行。

颈部挺拔

微收下颌是为了避免仰头，因为一仰头就使得颈部的肌肉不能固定颈椎，使脖子不稳定。我们可以做个试验，让一个人在后面推你一下，再用同样的力量在前面推一下，你就会发现，在后面推的时候，可能使脖子猛的一仰，在前面推的时候对脖子影响倒不大。因此平时要有意识地让脖子后面带点劲，能够保护颈椎，微收下颌的作用就是这个。但凡事都讲究适度。如果过分地收下颌就形成了低头的姿势，这样又使得前面的气血不通，也是不合理的。怎么算适度呢？太极拳中有一个方法简单实用，就是用脖子有意识地去蹭后面的衣领，有了这个动作，脖子后面自然就梗起来了，同时前面又没有低头，也很通畅。如果有朋友既想锻炼到脖子后面的肌群，又想锻炼到前面的肌群，应该怎么做呢？保持脖子的位置不动，然后让上下牙相对，甚至用下牙包住上牙，这时再摸一下胸锁乳突肌，就会发现它们绷起来了，当然，我们不是为了练武功，只是为了健身的话，注意脖子蹭衣领就足够了。眼睛平视前方即可，牙齿轻轻闭合，舌头自然地抵在齿龈上，不要用力。

肩部横撑

到了肩部，需要注意横向的拉开，刚才说的脊柱是纵向的拉伸，而肩部则要横拉。这样就在大椎下面形成了一种十字形的力量，前辈们常说“双十字中求生存”就是这个意思。人体骨架有两个十字，一个是腰尾椎和骨盆，一个是颈胸椎和两锁骨、两肩胛骨。就是脊椎为竖轴，两肩为第一横轴，两骨盆为第二横轴，这样构成两个十字。这是大的十字，其实身体中有无数这样的十字，目的是要我们用力不能单一方向，需要横力和纵力同时存在。

肩背部有了十字力，逐渐地肩部的骨骼就会趋于一个合理的间架，这个时候我们称作“骨正”，人们关心身体健康往往只关心五脏六腑的功能正常，对肌肉骨骼不太重视，因为我们的心跳、呼吸等最根本的生命体征都和筋骨无关。其实这种观点是不对的，从生死存亡的角度来看，骨骼肌肉当然没有五脏六腑重要。但我们不仅仅要活着，还要活得有质量，从人的生活质量及健康程度来看，骨骼和肌肉是非常重要的，它们构成了人体的基本框架，就像房屋的梁和柱，一个房屋只有梁和柱端正粗壮才能维持得长久，可以说房屋的好坏取决于它的框架，而不取决于装修是不是精美。所以练习站桩的人第一步都追求骨正筋柔，筋必须柔才能有弹性，表现为柔韧性强，不强直僵硬。养生治病之人，必先完成练形这一关。若不注意形，真正的身体健康也是谈不上的。

除站桩时间外，在日常生活中，也要注意自己的形正。逐渐地养成习惯，这样才能将正确的骨架结构和体内内脏位置固定下来。人体的内外是相连的，外部的筋骨拉开舒展以后，可以带动里面的内脏也舒展而不受挤压。中医很重视经络，经络不仅在体内运行，它们也循行于肩背四肢等，如果在外面的部分有了结滞，就像水管被堵住，里面的部分也不会通畅，因此会影响到内脏的健康，我们拉伸筋骨时间长了可以把经脉的结拉开，内脏也就得到了调整，由此可见筋骨的重要性。后背有了这两个十字的拉伸，就把整个后背像鼓皮一样撑开了，可以感觉到气贴脊背。两肩向外拉伸以后自然不会耸肩，肩部就沉了下来，这叫沉肩，初练站桩的人经常出现肩部酸疼，就是因为没有很好地沉肩，这时注意肩向两侧横撑，就不会那么疲劳了。

胸部开阔

两肩横撑以后再微微向前内扣一下，这时自然就含胸了，注意含胸不是把胸部憋进去，胸部仍然是挺拔的，只是注意不要向上拔气就行了。有一种说法认为后背凸出来，前胸凹进去才叫含胸，这是不对的，那样会导致胸腔的容积减小，肺脏不能充分张开。

我们都知道肺在五脏中密度最小，它必须要充分展开，占有较大空间才能发挥生理功能，所以说肺气贵开阔，它的位置在所有的脏腑上面，形状像一把伞一样，这把伞只有撑开，才能给下面的脏腑提供足够的空间，它如果不开，下面所有的脏腑都会拥挤，气血运行的道路也会很狭窄，时间长了就形成了郁滞的气机，体内主条畅气机的脏腑为肝胆，气机不畅也必然影响到肝胆的功能，出现肝气不舒、胆气不横等状况。肝气不舒好理解，胆气不横是什么意思呢？人的胆是长条形的一个器官，肺气张开以后两肋也张，这时胆能处于一个比较横的状态，胆气横了人才有精神，也就是平常说的胆气壮，再加上肺气开阔有魄力（魄属肺），这个人做事就不会畏首畏尾、嘀嘀咕咕。如果肺不能张，这把雨伞撑不起来，胆自然的就处于下垂的状态，这时当然胆气不横，外表就给人懦弱的感觉。胆气对人的精神面貌影响非常大，我们知道足少阳胆经和两个外眼角是联系着的，胆气充足就能够使眼角上扬，显得有精神，如果胆气虚弱顶不上来，那么两个外眼角就会下垂，给人一种衰老的感觉，在戏曲化妆中都把眼角吊起来，扮演的人物就显得特别精神。所以眉梢和眼角上扬的人都是胆气充足的表现。

和肺气关系密切的还有大肠，肠子分出大小就是因为它们粗细不同，大肠明显的比小肠要粗，所以它要有一种开阔之气，这和肺气开阔是一致的，因此说肺与大肠相表里。肺气如果不能撑开，大肠之气也不能开阔，这样的人排出的大便都比较细，并且排得不痛快。可见胸部的张开是很重要的，看似简单的地方其实能影响到全身。所以站桩需要挺拔而有精神，低头弯腰是不行的。或有人说虚心实腹能使重心下降，这样更稳固。应该承认，对手推到我们胸部时，如果胸部凹进去，可以使来力分散，让对方的力量落空。但这是暂时的应用，不应该成为常态。

肘部撑坠

继续说一下肘部的要求，我们都知道传统健身都要求沉肩坠肘，所以肘部要求有下坠的意思，但是肘部如果完全坠下来，肩部又容易夹得过紧，不能张开。按照矛盾的要求，肘部需要既撑又坠。我们摸一下肘部，有两个骨头尖，上面的骨头有外撑的意思，下面的骨头有下坠的意思。肘部的这种矛盾状态使得腋窝也保持矛盾状态，按照太极拳的说法，腋窝有夹着热馒头的感觉，夹得太紧容易烫着，夹得太松馒头会掉下来。总之是需要适中，不能往一个方面使劲。由于肘有下坠的意思，所以前臂并不是水平的，而是手略高于肘。

腕部回扣

到了腕部有往回扣的意思，这样体会整条手臂与前胸之间抱着球，要想抱住球，除了要有向里合的力以外，还需要把手臂尽量拉长，这样上肢就像要搂过一颗很粗的大树一样，把各个关节都拉开一些，关节就松开了，当然拉伸同样是用意不用力，如果真的用力，肌肉就会僵了，属于掺假的练功。前面说了，开始时感觉抱的是纸球，随着功力的加深，体会球的分量也不断加重，从纸球过渡到木球，甚至最后可以假想抱着铁球。可以说意念越重，形成的力量也越大。但要注意不能拔苗助长，体质虚的人不要用太重的意念。两手指尖相距一拳之远，指尖相对，掌心向内，十指自然分开，手掌与胸相距 20~30 厘米（图 1–1–3）。

图 1–1–3

根松梢紧

站桩整体的要求是放松的，不能僵滞用力，但五脖可以紧，五脖就是两个手腕、两个脚腕及脖子。手腕怎么紧呢？五个手指最自然的放松状态是半握拳时，手里像握着一个鸡蛋，站桩时手不能这么松，要把五指张开，像是要抓起一个排球的形状。如果不是特别胖，这时可以看见手背的几条肌腱都绷起来了，大拇指后面的“鼻烟窝”（阳溪穴）也出现了，进一步体会腕部也有横竖两道劲形成十字。在每个手指缝都有夹着棉球的意思，而指尖又有前顶之意，这又引出站桩的一个普遍要求，即逢角必夹，逢尖必顶。有夹角的地方都要有夹球的意思，比如腋下如夹球，裆下如夹球；出尖的地方要有顶力，比如膝盖就有前顶的意思。

为什么要求周身放松，而五脖要紧呢？这是为了改变我们后天的用力习惯，我们体验一下，做某项不熟悉的动作时，总是躯体大的肌群紧张，而四肢末梢又松软使不上劲。比如弹琴吧，会弹琴的人手指是有张力的，而身上又很放松，这样才能把身上的力量发挥出来，而行于手指。不会弹琴的人则浑身僵硬，手指又非常松软，把力量都憋在了身上而使不出来，看着使了很大劲，其实效果不大。也可以把手指看做是我们的武器，身体则是使用这个武器的人。武器当然是越锐利越好，使用武器的人越敏捷越好。如果是手指松、身上紧的话，就相当于一个很笨拙的人，拿着一把塑料武器，难以达到目的，所以这种用力习惯很不合理，需要通过站桩把它改正过来，形成梢节紧、根节松的习惯。这能使大脑的运动中枢得到很好的锻炼。

上半身还没介绍完，已经说了这么多的要领，朋友们可能感觉忙不过来了，所以说站桩看似简单，呆着不动就可以了，其实非常复杂。但不用担心掌握不了，人人都可以掌握，只是需要用心，要求我们注意力集中。这些要点在锻炼的初始阶段，总会顾此失彼，想着头就忘了手，顾了手又忘了腿，这时就需要意念在身上来回巡视检查，某个地方的要点丢了，再找回来就行了，天长日久这些要点会变成下意识的东西，是一种既清晰又模糊的感觉，说清晰是因为要求假借感要真实才能有效果，说模糊是因为精神要同时照顾到全身。

腰胯腹部要点

到了腰部也要形成前面说的十字力，即上下力和左右力的交叉，上下力是前面说的脊柱拉伸，左右力是什么感觉呢？前辈们说要“玉带围腰”，腰部像有一根腰带从后面围到前面来，细心的朋友可能发现了，这种感觉和上肢的尽力合抱是一致的，都是背面有一种左右拉伸的力量，然后把这种劲延伸到前面来，一般上肢容易找感觉，腰部需要一个过程。腰部做好以后的外形肯定是比较平坦的，不能凹进去，如果贴着墙站一下的话，腰部和墙之间不应该有缝隙。腰部是上下的枢纽，这个地方一凹进去，不论是气血还是劲力都断了，叫做折腰。

无论是太极拳还是形意拳都讲究"一身备五弓"，即双臂为两张弓，双腿为两张弓，还有一个最重要的身弓，就是脊柱。身弓以颈椎和尾椎为弓梢，腰椎为弓把，这张弓必须是向后凸的，如果向前凸就是反张，无法蓄力，所以说不能"撅着屁股"站桩。尾骨是自然下垂的，有扎入地中的意思。

胯部有一个特别重要的地方，即大腿和躯体需要有一定的夹角，腹股沟这个地方要凹进去，不能像平时站立一样。有了这个夹角身体的上下连接就是一种弹性的连接，如果站直了就缺乏弹性的势能。在武术中有一个新兴的门派叫卢氏结构，他们的站桩要求这个夹角更明显，形成上身前倾的姿势。我们不要求练得那么辛苦，上身还是直立的，但这个角不能丢，这个要点有个术语叫"掖胯"。也就是胯要稍稍收回，不能挺出去的意思，时间长了可能在腹股沟处摸到一条筋，没有掖胯的站桩效果是大打折扣的。

腰胯的要领都做好了，小腹只需放松，就自然达到要求了。放松以后，气能够沉下来而不虚浮，小腹会慢慢感到充实，胸部慢慢感到空旷，就是过去常说的空胸实腹了。需要注意不是把气生硬地往下压，而是姿势做对以后，让气自然地松沉。必须有合理的姿势，气机才能上下通畅而没有阻碍，胸中之气和腹中之气就会自动地交流。具体怎么交流我们虽然感觉不到，但《内经》告诉我们是天气降为雨，地气上为云。也就是心肺把气布洒下来，像下雨一样；肝肾把精气蒸腾上去，像水蒸气蒸发一样。

臀部应该有保持坐在板凳上的感觉，似坐非坐。尾闾骨、肛门微微内收上提，叫做提肛，长期坚持能够固肾。

下肢要有拧劲

裆部注意要撑圆，如果是接触过太极拳的朋友都知道一个常识，即不能夹裆，圆裆怎么做呢？左右横撑就可以了，裆部撑圆了才能使人体有一个稳定的支撑，并且转变得也灵活。如果把整个下肢都往外撑，那又错了，因为只往一个方向用力，有开无合，不符合矛盾的要求，所以在裆部外撑的同时，膝部要向里合，也就是圆裆合膝，这样下肢就形成了既撑又合的矛盾状态。并且这样一做会使下肢有一股拧劲，就把体重均匀的分配到两条腿上了，不容易疲劳，如果没有这股拧劲，体重会全部压到膝盖上，使膝盖吃力特别大，时间长了会造成损伤。如果感觉不好找合膝的劲，可以假想双膝夹着一个较粗的大树，要用大腿和膝盖内侧把它夹住。因为树较粗，裆和胯部就有了外开的劲；又要把它夹住，膝就有了内合的劲。这根大树的感觉还可以延伸到上面，用全身抱住一棵大树，这样整个身体合成一个劲。

到了脚踝部，要求和手腕类似，使肌腱微微绷上点力，脚要有五趾抓地的意思，使足心微虚，和手上如抓球的要求一样，微微有力就行了，不能僵滞。

周身相合

这样我们从上到下的把身体各个部位要点介绍完了，但还没有结束，下面还要进一步建立各个部位的联系，这样周身上下才能成为一个整体，其实刚才说上下肢抱球的时候已经在建立联系了，是上下肢和躯体在空间的联系。还要进一步使这种联系丰富起来，使四肢百骸都有牵挂的感觉，比如手和脚之间假想有皮筋相连，肘和膝之间有皮筋相连，不但有同侧的相连，还有交叉的相连。可以说连接越丰富越好，这又出现了脑子不够用的问题，怎么能设想这么多的连接呢，其实不是要我们逐一地假想，连接完以后身体有个总的感觉，这种感觉就像西游记中猪八戒被蜘蛛丝缠住，随便一动都有阻力感。

筋骨及肌肉的锻炼

在老形意拳中有易骨、易筋、洗髓的程序，这三个过程是步步深入的，易骨就是前面说的骨架的姿势要摆正确，我们现在练习五脖要紧，则是在易筋，筋就是肌腱肌膜之类的，不练习时它们是松弛并且贴在骨头上的，没有足够的空间通行气血。当筋稍微绷起时，就和骨骼有了一点缝隙，气血比较容易通过。把五脖这些梢节的筋绷起来以后，能牵掣着其他地方筋膜也腾起来，特别是吸气的时候，体会这种绷起来、张起来的感觉，也可以说在吸气的时候周身就像弓弦拉开，里面储存了势能。实际上在生理学中也是这样，吸气时，肌肉把肋骨拉起来张开，呼气时肌肉一松，肋骨靠重力又垂下来合上，所以说吸气是个主动的过程，呼气是被动过程，我们主要体会吸气时的涨，并且把这种感觉扩展到周身都涨，有气血饱满的感觉，呼气时不用管，自然一放松就行。

这种锻炼在易筋经、形意拳中叫做连筋腾膜，筋膜腾起来有什么好处呢？好像帐篷支起来，空间就增大了，可以使气血在里面运行得更加流畅，这样筋骨的营养就改善了，筋得到营养再加上拉伸能使力量也增强。我们传统的增强力量方法是靠练筋来完成的，所以有易筋经，而不是靠练肌肉块，女性朋友不必担心站桩会练得太粗壮了而影响体形，通过拉伸训练，形成的肌肉都是长条形的。

站桩对骨头的营养状况改善也很有好处，能使骨骼更加结实，防止骨质疏松。骨质疏松是人体老化的表现，就是骨骼的柔韧性降低而脆性增强。万事万物都是幼小时富有弹性，越老越脆，所以老子说："人之生也柔弱，其死也坚强。"这个坚强不是坚强不屈的意思，是说质地变脆没有了柔韧性。人体的骨骼也是这样，小孩骨骼柔软不容易骨折，老年就不行了，有可能摔一跤就出事，人们都把老人这种情况归咎为缺钙，整天吃补钙的药物或食品，其实这种做法是片面的。老年人吃的食物和青年人没什么区别，里面的钙含量都一样。青年人不容易骨折而老年人容易骨折，只是因为老人对钙不能充分吸收和利用，吃的钙再多也没有进入骨质，反而沉积在其他部位。所以防止老年骨质疏松关键不是吃钙片，而是通过锻炼增加气血对骨头的滋养。

应该说连筋腾膜只是一种感觉，在解剖学上并不一定是真的把筋膜、骨膜腾起来了，但武林前辈的实践证明这种方法确实对筋骨有很好的锻炼效果，所以我们还是尊重传统，保留这种说法。

调整好间架，保持筋的适度张力，下一步就该放松了，在所有的内家拳中都是要求放松的，因为只有放松了才能不僵滞，动作转换得更灵活，气血能更自由地流通。放松要求周身肌肉有下垂之感，在大成拳中有玉树挂宝衣的说法。就是站桩时骨骼要挺拨，把骨骼比喻成玉树，肌肉就像衣服一样挂在树上，这样才是真松，舒适、舒展的松。但骨骼怎么才能挺拔起来呢？靠筋来固定，所以筋需要有一定的张力，有人为了追求放松，松得都没有挺拔的外形了，那不是真正的松，而是软或者懈。这样的锻炼效果是大打折扣的，因此放松不是一点劲没有，是在保持挺拔的基础上放松。

应该说放松时的用力是刚刚合适的，这种状态下多用一分力就僵滞，少用一分力则懈怠，我们尽量保持这种适中的状态。还有一种解释说放松就是找到临界的状态，就像跑步比赛前，裁判员说完各就位、预备，还没有说跑的那个阶段，这其实是想要使劲还没真正使劲的状态，这个时候既没有使僵劲，又使神经激发活跃起来。

无论是抱球还是肩背的十字力，都属于对肢体纵向的拉伸，目的是把骨节和经络拉开，容易通行气血。纵向拉伸以后再体会横截面的放松，设想身体蓬松放大，密度降低，甚至和周围空气融为一体，有点风都能透体而过，这样站桩就很愉快而不疲劳。所以放松有轴向的松开和横截面的松散，二者配合能使身体感觉更加通透轻灵，气血充沛而流畅。

精神假借

站桩放松以后可以加上不同的假借或意境，不但能够使精神和形体都得到锻炼，也能有效地避免疲劳。疲劳发生时可以有不同的意念假借，比如感觉到上肢太累时，可以翻手使手心向下，设想站在水中，用手按着水中漂浮的木板，体会水的浮力，甚至体会用力下按把身体撑起来，如隔墙观物，虽然实际情况是我们在向上抬着胳膊，但如果假想得真实，一会就真的能感到水的浮力，站很长时间都不会觉得肩膀累，这一点也不神奇，我们每个人都能很快地体验到。再比如两脚站得太累时，可以假想一下站在软绵绵的草丛中，甚至双脚和草地融为一体，体会双脚松空的感觉，一会儿就不会酸痛了。

有人曾打比喻说，养生桩的锻炼层次犹如建筑房屋、清扫室内、主人入住，术语依次称之为立式、放松、存意。立式即站桩首先要重视姿式调配，懂得怎么为合理，怎么为不合理。比如我们强调的含胸拔背、沉肩坠肘等都是属于立式的内容，很多朋友能按要求做到暂时的正确，但由于根基不固，不经意之间桩架会慢慢走样，趋于不合理。因而在练习过程中始终注意检查姿势，保持桩形准确，是入手站桩的第一步。第二步是放松，房子建好，接下来的工作便是清扫室内垃圾了。姿式易学，拙力难去。分布于全身各处的僵劲即为“垃圾”。僵劲是人们长期劳作，局部用力不当带来的，局部肌肉过于用力必然有碍桩架合理的放松，因而放松就成为清扫体内僵劲的必要手段。第三步是存意，形为意之舍，意为形之主。房子扫净，就要有主人入住，也就是加入意念，加入种种假借，比如抱球、拉扯皮筋、站在水中等等，意念训练是养生桩健身却病的重要组成部分。

站桩后的常见反应

站桩的姿势虽然很简单，但由于人们习惯跑、跳、广播操等肢体移位运动，不习惯于外形相对静止的运动，所以开始站桩很多人会感到种种不舒服，上下肢及肩、腰出现酸痛、劳累。有的则静不下心来，心乱如麻，觉得站了好半天，一看表才三五分钟。也有的因急于求成，过分追求麻、热、胀感而出现肌肉紧张、僵硬。或者因憋气、提气、收腹，追求种种方法的呼吸，引起呼吸短促、血压波动。只要注意松静自然，上述不适即可消失。还有的感到双腿、双臂长短不齐，这是气血不平衡形成的。如出现肌肉跳动、抖动、皮下蚁行感、凉冷感，皮肤发痒也是常见的反应，这都是皮下的气血充盈了，灌溉到了原来干枯的地方，神经末梢感受到了这种种变化。

由开始站桩的不习惯逐步习惯，会感到浑身暖融融的被气团包围，轻松愉快。练功后感到头脑清晰，心情舒畅，消化能力增强，睡眠好，灵敏度高，步履轻快稳健，内部充实，耐热耐寒，体力增强。

有些患有慢性疾病的人，通过一段时间的站桩后还可能出现症状加重情况。患过风湿的，可以出现局部或全身出现凉气、凉汗。有过外伤的人在伤口愈合以后，原伤处出现发痒，针刺感、阵痛感、气血运行冲撞感。有高血压、脑动脉硬化、脑梗塞等病的患者，可能感到头部紧、胀、疼痛，种种不适。其他各内脏病症也都可能有加重反应。这种种情况表面看起来是疾病加重了，其实是正气增强的表现。中医的观念中认为人的正气是有神识的，同样邪气也有神识，我们都知道《左传》中病入膏肓的故事，晋景公生病以后做了个梦，梦见两个小孩在讨论如何侵害他，这两个小孩就是病邪，虽然说“左氏浮夸”（左传记载的东西有时不切实际），但这里也反映了传统医学的观点，都把病邪看成是有神识的。人为什么会有慢性病呢？就是因为邪气进入身体以后，正气要跟它争斗，试图把它赶出去，二者一打仗，人会出现种种不适，如果正气足够强，把邪气赶跑症状就消失了，这是急性病的情况。但这个人的正气实力没那么强时，便会力不从心，想赶邪气赶不走，邪气就在体内驻扎下来，邪气一旦留下来，二者也不是整天打斗，而是打打停停，正气和邪气能共同生活在一起了，就像金国和南宋两个政权共同存在了一百多年。这种正气和邪气共存的状态便是慢性病的情况，一般的时间邪气在体内藏着，正气没有足够的实力也不去惹它。这时候邪气也有点类似于黑社会，在隐蔽的地方呆着，政府没有能力肃清，只能睁一只眼闭一只眼。如果说通过吃药或锻炼使正气增强了，在正气眼里可能就容不下这些邪气，它还是要试图把邪气赶出去，这样二者又打起来，因此会出现症状反复或加重。

因此站桩后出现的慢性病反复并不是坏事，但这是不是意味着慢性病就好了呢？不一定，还是要看正邪的实力对比，把邪气赶跑只是正气的一厢情愿，有没有这个实力是另一回事，有可能正气试了一下，感觉还是赶不动，就又停下来。所以慢性病的恢复是一个长期的过程，不论是不是能把邪气赶跑，通过锻炼使正气增强总是对我们有利的，所以不要担心站桩后出现的症状反复。几天或十几天即可过去，也有的多次出现反复。

环境的选择

站桩的地点既可以选择室外，也可以选择室内。在户外练功时，应注意空气清新，如有树木花草溪流湖泊则最为适宜。但现在城市人找到这样的环境不容易，即使有，也可能离家较远，不方便天天坚持，所以能保证站桩地点的安静就可以了，一定要避开风过大的地方，风为诸邪之首，最容易侵犯人。冬季应该在室内站桩，以避免受寒。雾霾天同样要在室内锻炼，近年来空气污染的问题严重干扰了我们的健身运动，无论是广场舞还是跑步散步，都必须选择室外。站桩和狮子抖铃都可以在室内进行，室内打开空气净化器就不会再受这个问题的困扰，这也是我们这种锻炼方法的优点。在室内站桩时，不要受空间环境的影响，不能因为空间小了，环境变了，就影响到自己站桩时的那种顶天立地的感觉，站桩的气魄不能小，这样才能锻炼精神。

如果有精神倦怠、体力劳顿、过饥过饱等情况，都应该避免锻炼。同时还应注意，饭后应隔开半小时左右才宜进行站桩锻炼，以免加重胃肠负担。站后也不要立即饮水，特别是冷水。练功前先排完大小便，裤带不宜紧。

2. 狮子抖铃

狮子抖铃的目的

站桩可以培补元气，使人变得强壮，时间长了出现周身浑圆饱满的感觉。而现代社会中，人们的身体状况不仅是虚弱，还有郁滞不通的情况。现代人都是非坐即卧，出门坐车，上楼电梯，很少拿出时间来运动，这样的直接后果就是人体的气血运行变得缓慢，紧接着就是气血的郁滞。我们曾在一本书中提到，现代人的慢性疾病，以肝郁和湿邪为多，而肝郁和湿邪有一个共同点就是气机缓滞，不够流畅，现在流行的推拿按摩、敲击经络等方法都是为了解决郁滞不通的。但这些方法一般都是针对局部，不能同时针对全身，并且属于被动运动，这和主动运动的效果是完全不同的。一是被动运动不用神经支配，不能锻炼运动中枢及运动神经；二是被动运动基本没有能量消耗，不能消耗人体多余的脂肪，也就起不到减肥的作用。下面我们就讲解一下具体的抖法。

狮子抖铃的练法

市面上也有一种抖法比较流行，他们是身体的上下颠簸，这种颤抖也有一定的锻炼作用，但效果有点折扣，并且由于上下的颠簸，容易造成一些脏器的下垂，比如胃下垂、肾下垂的人是不能这么颠的。其实上下的运动并不是真正的抖，而是颤或者颠。抖是什么呢？我们都有冷得发抖的经历，回忆一下那是怎样的一种运动，它不是身体纵向的上下运动，而是横断面的往复运动，像筛筛子一样。因此我们练习的时候，先以刚才站桩的姿势开始，然后以胯为用力点前后运动，这个动作像拨浪鼓一样，可以设想两胯拴着拨浪鼓的绳子，通过身体中轴的转动把拨浪鼓甩起来。为什么叫狮子抖铃呢，就是像狮子戴的铃铛一样，铃铛平时是下垂的，靠这样抖动把铃铛晃起来。不要着急，要从慢到快，逐渐形成比较快速的有节律的摆动。这是一个以胯带动全身的运动。注意胯不是左右摆动，如果左右一摆动就形成了扭的动作，虽然也运动了胯，但将来的频率不会太快。这种摆动只是初级的动作，因为它还不是立体的，好像人家跳肚皮舞的也会这样的甩胯动作，因此这还不是我们的特色。锻炼一段时间以后，逐渐在前后摆动的同时加入上下的运动，但这个上下运动仍然不是以膝盖为轴的上下颠，它还是以胯带动全身运动。分开来解释这个动作的做法似乎不好理解，其实就像蹬自行车的动作，双胯好像是在画前后的圈。刚开始不好掌握，不要拔苗助长，只管练习前后摆动的平面运动，功到自然成，只要有蹬自行车的这种意识，某一天就自动形成立体的圈了。而且即使掌握了以后，每天刚开始运动的时候也是做不出来，可能要热身十几分钟以后才行。

以腰胯部为动力的源点，逐渐震动到全身。身体保持原来的间架不变，里面又有了这个振动源，所以有时抖起来会像洗衣机甩干时一样，由于高频的震荡，不自觉的在地上就会有位移。可以说这种运动其实就是给自身按摩，因为相当于在腰胯部安装了偏轴电机，能够把周身的肌肉肌腱、经络都震动得松弛开。把振动器安装在体内比外部的振动器效果要好，这是不言而喻的。

别人或按摩椅按摩时，我们的神经是休息的，而这种自我抖动能很好地锻炼神经系统。抖动是相互拮抗的一对肌肉快速的交替收缩，没有经过锻炼的人，运动中枢是控制不了的，总感觉到不听使唤，这是因为运动中枢没有形成反射，经过锻炼以后，神经中枢的各种联系就丰富了，可以使这种运动形成自动化，不用大脑有意地控制也能完成，所以说这种不是上来就会做的动作能锻炼到运动中枢，掌握起来有点困难，却能够经常体会到进步的快乐。而刚才说的那种上下颠动，可以说每个人不用练习，马上就能做出来，因此这样的运动虽然也有运动量，但对运动中枢没有锻炼作用，它没有形成新的技能。

应该说传统的武术训练都是对大脑有锻炼作用的，人们心中的印象都是，赳赳武夫一般头脑简单，四肢发达。其实不是这样，功夫好的人比功夫差的人，在肢体上不一定粗壮多少，但在较量时总能赢，赢在哪里呢？就是赢在头脑，这个赢在头脑并不是说善于算计，或者说有多狡猾，而是说他的功夫是储存在头脑中的。实际上就是他大脑运动中枢的各种联系复杂，反射丰富。他们常年就练习重复的动作，今年和明年在外形上好像变化不大，其实变化都在脑子里呢，平时下意识的东西比较多，经常有不期然而然的动作。我们不推荐跑步、骑车等单纯的肢体运动就是这个原因，中国传统的锻炼一定是既要练形，又要练意，练意就是练大脑，传统的说法不提大脑，而认为能够练得神意气足。神意气是内在的东西，和肢体外形相对。长期坚持锻炼，能体会到肢体的反应速度有所增快，并且手脚更听使唤。

狮子抖铃的健身原理

狮子抖铃是一种很奇怪的运动，消耗热量非常大，而同时又不感觉精疲力尽。这种骨骼肌的交替收缩，性质和寒冷时发抖寒战是一样的，寒战的目的是为了产热御寒，所以会氧化糖类、脂肪以供能。体验一下就可以知道，即使在冬天练习，也要穿得很单薄，因为抖一会儿就可能出汗。

我们机体的供能物质有糖类、脂类、蛋白质，最先氧化的是糖类，而大部分人都希望把脂类氧化分解，这样既起到减肥的作用，也能避免很多疾病的威胁，因为肥胖是很多疾病的危险因素。要想氧化脂类供能，就需要保持一定的运动时间，每天就活动十几分钟，即使运动量再大，也是燃烧不到脂肪的。应该是保持半小时以上的有氧运动，才开始利用脂肪氧化供能。有人可能觉得运动半小时太枯燥漫长了，并且很累。其实并非这样，因为你需要不断地调动神经去找感觉，时间不知不觉地就过去了，所以并不枯燥。而且这么狮子抖铃是不累的，它不是特别剧烈的运动，而是属于有氧运动，因为运动完以后没有肌肉酸痛的感觉，说明没有乳酸堆积。

狮子抖铃除了在生理学上能锻炼神经、消耗热量以外，从传统医学的角度来说，具有很好的疏通经络作用。对于一个郁结来说，以快速的震荡来瓦解它，具有其他方法不可替代的优点，它能够把这个郁结的地方震得松散。在实验室里有些药品放进水里需要很长时间才能溶化，如果把这个容器放入超声波的震荡场里，则可以大幅度提高它的溶解速度。肾结石可以用超声波来击碎，这也是大家都知道的了，坚硬的石头都可以被超声波打碎，而柔软的身体组织倒没有伤害，这是高频振动的特点。但石头粉碎其实只是震得酥软了，还不等于排出来，所以还要通过多排尿等方法把它冲出来，排尿就相当于低频的冲刷，可见高频的震荡和低频的梳理作用特点不同。结聚得越紧密越适合用高频，结聚得松软时适合用低频。现在身体里有一个比较紧密的结滞，我们想把它化开，这时可以增加运动，使气血流通得更快，这可以把结滞化开，但需要的时间比较长，效率不高。就像肾结石没有用碎石，单纯靠吃药或尿液的冲刷来化开石头，那是很慢的。所以最好先给予一个高频的震荡，把这个结滞震得酥软了，这时就可以用这种抖法。而震酥了只是第一步，结滞还停留在原处，下一步应该用一些舒缓的运动把它运化开，疏散走。我们后面介绍的一些试力就是属于舒缓的运动，比如波浪试力，要做出身体如波浪涌动的感觉，当然不做这些试力，选择太极拳之类的运动也有这个作用。总之化除郁滞需要两个步骤，第一个是攻坚的，第二个是运输的。这也像是工地上干活时先用镐把地刨松软，再用铁锹把土铲走。

《易传》中有一句话叫做“风雷相博”，风和雷是配合在一起做事的。“雷以动之，风以散之”。雷的作用就是震动，像是镐的作用，轰轰烈烈，朝气勃勃，这种性质在中医理论中属少阳，胆就是属少阳，我们知道胆汁有很好的消化作用，吃入了油大的食物以后，胆囊会排胆汁到肠道，胆汁能把这些很黏腻难消化的脂类物质乳化，这很像是震动把脂类震得松散了。那么风的作用是什么呢？风能够散布，像是铁锹的作用，它不像雷那么有朝气，但影响的范围广，风一刮就是一大片，有点像散发小广告的人，有什么信息都要靠风传播出去。风在中医中属厥阴，肝属厥阴，可见肝和胆虽然都能疏通，但作用的重点不同，胆在前面先进行开破，然后肝再进行疏散。《内经》中有一句话：“凡十一脏皆取决于胆。”什么意思呢？我们知道五行相生的顺序是木火土金水，木是排列在最前面的，它代表春天的生发之气，一年之计在于春，有生机，所以排在第一位，而木包括肝和胆两个脏器，胆为腑，属阳；肝为脏，属阴。阳气总要在前面开拓，阴气是跟随阳气做事的，这样一来，在最前面挑头的就是胆了，胆起到了排头的作用，它不动后面的都别想动，它抬脚一走路，后面的才跟上，所以说后面的十一脏都取决于胆。引申出这么多，主要是说明身体需要震动力，才能够有开拓、振奋的精神，特别是整天萎靡不振的人，总是不能下决心开始运动，更适合抖一抖精神。

拧转是高级的运动形式

中国的传统锻炼有个特点，喜欢拧转，很多拳术或健身法都是这样，优点就是对经脉、经络的锻炼效果好，因为它总像拧毛巾一样，把经络拧起来再松开，反复地作用，慢慢的经络就揉开了。我们看太极拳、八卦掌等拳术总是在画圈，就是在这样锻炼。而这些拳套中是在低频地拧转，抖动起来则是高频地拧转，是二者不同的地方。人体中的经络分为手六经和足六经，其中足六经比较长，它们的作用也比较重要，《伤寒论》中的六经辨证，就是按照足六经来论述的。我们说抖动时的劲源在腰胯部，这样基本是在足六经的中段进行抖动，类似于一根绳子拉直了，在中间拴着一根棍子在摆动。或者说像过去木匠用的锯，有一股绳子中插了根短棍来调节松紧，这根短棍一转能把绳子拧起来。所以通过摆动能使经络形成细微的拧转运动，它虽然幅度很小，但频率高，可以和打拳时低频的拧转相配合，起到更好的锻炼效果。我们可以体验一下，抖完半小时，会觉得两腿特别轻快，并且有气血通畅的感觉，这都是经络疏通的表现。

刚开始练习抖动的时候，有可能胃脘或小腹等部位出现轻微疼痛，这是由于平时缺乏运动，内脏在里面排列得太松散，像垒得不整齐的积木，一晃动马上歪了。这时不要着急，把动作放缓和一些，慢慢适应，过几天就不再疼痛了。这是因为内脏受到适当的刺激以后，它们自己就意识到以前是太懒散了，没有一点纪律性，现在需要自我约束，坚强一些，有了磨练以后内脏就不怕抖了。所以中医中说苦味能坚，苦味是一种人不喜欢的味道，它对人的气形成一种刺激，使气机收紧，也就变得更加坚实，和我们常说的逆境出人才是一个道理。

3. 倒血换气

倒血换气的目的

倒血换气这个名字听着很神秘，其实锻炼方法非常简单。它的锻炼目的是什么呢？由于我们的生活或用力习惯影响，使得周身的气血往往不平衡。比如有人站桩时感到感到双腿、双臂长短不齐，或闭眼站一会以后出现双手的一上一下、一前一后，这都是自身内部不平衡造成的。当然本身我们的肢体上下左右就不是完全平衡的，比如大部分人右手比左手灵活，两眼近视的度数也未必相同等等。《内经》中对这种不平衡也做出过解释，主要是从天人相应的角度来说的，古人认为天不足西北，地不满东南，所以人也会相应的有些偏重。但这种不平衡必须保持在一定范围内，偏得过多就是病态了，比如有人半身出汗、一边肢体麻木等等，这都是不正常的表现，发展下去甚至会出现半身偏枯的大病。

清代的王清任认为“夫元气藏于气管（不是现在说的气管）之内，分布周身，左右各得其半。人行坐动转，全仗元气”。“若亏五成剩五成，每半身只剩二成半，此时虽未病半身不遂，已有气亏之症，因不疼不痒，人自不觉。若元气一亏，经络自然空虚，有空虚之隙，难免其气向一边归并，如右半身二成半，归并于左，则右半身无气；左半身二成半，归并于右，则左半身无气。无气则不能动，不能动，名曰半身不遂”。他还制定了一首名方，叫做补阳还五汤，这个方子，重用黄芪，目的是使亏空的五成元气恢复回来。人体真到了半身不遂的地步就需要药物补气了，在身体还没有滑坡到那种地步时就应该注意气血的平衡，不要让它偏于一边，这是本法的锻炼目的。

倒血换气的练法

那么保持气血平衡的锻炼方式是什么呢？简单地说，和洗牌的道理一样。洗牌的目的就是防止牌过于集中，而通过来回的翻倒使它们更随机化。我们这里也是，通过气血的大幅度流淌使它们分布更加均匀。先从站桩的姿势开始（图1–3–1），然后把双上肢侧平举（图 1–3–2），缓慢地向右转腰，转到极处（图 1–3–3）。这时头部不要转，仍保持目视前方。目的是什么呢？仍然是拧转，因为这样就把躯体拧紧了，可以把原来气血多的地方通过挤压输送到气血少的地方，实现重新分配。并且这个动作还有一个锻炼目的就是使气下沉，因为上身拧紧以后，我们呼吸会不顺畅，容易把气提到上半截，感觉和下面的气接不上，而恰恰这个时候要求我们尽量不要憋气，把气松沉到小腹，这样在身体不拧转的时候气就更不容易上浮。向右转到极处以后再反过来向左转（图 1–3–4），动作要求一样，这样反复几次。

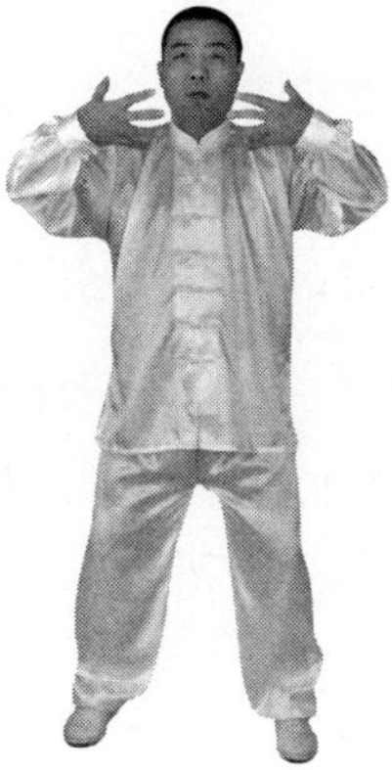

图 1–3–1

图 1–3–2

图 1–3–3

图 1–3–4

恢复到正面姿势（图 1–3–5），保持双臂伸直的情况下向左侧弯腰（图 1–3–6），最后形成双臂一上一下竖直的状态，右边的脚跟抬起，这时体会双上肢的感觉，会感到气血从上面的手臂流到了下面的手臂，出现上面手发凉而色白，下面手热胀而色红的现象。这时还不算完，再把上面手的前臂弯曲，用手指指向耳朵（图 1–3–7），目的是使上面手臂的血再挤出一些，会感到下面的手进一步加胀。这时逐渐恢复直立，上面弯曲的手臂逐渐伸直，右脚跟也随着落地。然后再向右弯腰重复上面的动作（图 1–3–8~图 1–3–10）。在吸气的时候要用鼻子吸，因为鼻子一吸气，气是向上走的，所以要设想气往上提，这是为了把平时下坠的气血提上来，目的也是重新洗牌。

图 1–3–5

图 1–3–6

图 1–3–7

图 1–3–8

图 1–3–9

图 1–3–10

倒血换气的原理

练习时间长了会感到不仅上抬的手臂发凉，连抬起脚跟的下肢也会发凉，这是因为不仅上肢的气血在倒换，下肢同样也在倒换。或有朋友说下肢就脚跟抬起那一点，不足以使气血形成流动，从物理的角度来看，下肢的气血确实不容易流动起来，因为它没有像上肢那样大起大落。但人是一个生命体，上下是联系着的，上肢会影响到下肢，可以理解为同一侧的上下肢是一伙的，上面有什么行动，下面也会跟随。同样，下面有活动也会影响上面，比如练武功的人常常要五趾抓地，这是为了使脚绷上劲，时间长了手上的劲也自然增强了，这有个术语叫“连通”。这种现象我在生理学中还没有找到相关的解释，估计是因为同侧的上下肢在神经中枢有联系，所以它们在中枢会相互影响。就好像两个领导在一间办公室工作，由于它们的相互交流，造成对下级的管理会出现交叉的现象，比如甲车间把情况反映给甲领导，甲领导和乙领导有交流，时间长了，乙车间就会出现和甲车间相似的情况。所以我们在倒血换气的时候，上肢的血管收缩而发凉了，通过神经反射使得同侧下肢的血管也收缩而出现凉感。

总之，通过这样来回的冲洗，周身的气血就掺得更均匀了，避免了气血偏注一边。最后要注意一下收势，我们前面要求吸气时气往上提，使得气血在上部集中的较多，而且由于上肢的来回倒换，使气血在上肢流行得较快，这样会对下面的气血形成一种抽吸作用，飞机为什么能上升呢？就是因为机翼上方的气流比下方的气流快，因此形成了升力。所以练完之后会出现上实下虚的状态，正好和日常生活相反，这是为了临时洗牌，不应该成为常态，所以收势时还要把气血降下来，把双上肢举过头顶，慢慢地向下落，想象气血重新流了下来（图 1-3-11~图 1-3-14），然后再慢慢地弯曲膝盖活动小腿，体会气血灌入腿中（图 1-3-15、1-3-16）。

图 1-3-11

图 1-3-12

图 1–3–13

图 1–3–14

图 1–3–15

图 1–3–16

4. 降龙桩

降龙桩的练法

站桩除了基本的平步正面站法以外，还有各种变化了的姿势，基本要领虽然相同，但锻炼的重点不同，运动的强度也不相同，在此选择一些给予介绍。我们先来介绍一下降龙桩。直立，右脚向前迈出距左脚约一米的距离，前脚掌外摆至横放的角度，足跟落实，脚掌内侧向前；膝部弯曲，与脚尖对齐。左后脚与右脚足跟直线相对，左膝似直而微曲，脚掌踩地，足跟微虚但不要抬起。重心分配前七后三。身体的肩部、胸部前倾，向右转体，左肩与后胯几乎平行相对，头与颈部向右拧转，眼睛向右后方看。意念假借头与前脚、后脚似有弹簧上下、前后斜面相系，两脚内侧间似有弹簧相系。左手前伸到头顶部右上外侧约一拳距离，掌心向前；右手向后伸出，手掌高度约与臀部等高，肘高手低，右掌心向后。意念假借左手与右手五指、手臂似有弹簧前后相系(图 1–4–1、图 1–4–2)。练习时，只可意想，不可用力。

图 1–4–1

图 1–4–2

降龙桩的健身原理

站降龙桩时身体各部位拧转的幅度特别大，有些地方可以拧到极限，这就起到了平时锻炼不到的作用。而且这个姿势一旦摆正确了，周身的筋脉自然就得到拉伸，最典型的是后背的足太阳膀胱经，因为后背都有拉开撑开的感觉，前面相对来说没有太大伸缩度。而足太阳膀胱经就是循行于后背的，它是体内最长的一条经脉，从头走到足。膀胱经主要有两大作用，一是守护在体表，防止外邪的入侵；二是躯体中的脏腑在膀胱经上都有开口，也就是后背上的俞穴，如肺俞、胃俞、脾俞等，通过刺激膀胱经上的俞穴就能调节内脏的功能。

我们先看它的防卫作用，太阳的意思不是我们每天看到日出日落的太阳，它在中医理论中有特定的含义，阳气衰老的状态叫做太阳。阳气也有一个从小长到老的过程，这个过程它是从里往外膨胀，就像吹起气球一样。这样到了阳气老的时候它自然就充到了体表，所以中医说太阳主表，它所管辖的面积也最大，基本整个身体的后面都属它所管。事物老了以后就没有开拓精神了，而是趋向于守成，太阳也是这样，他不像阳明胃那样消化食物，也不像少阳胆那样舒达气机，太阳就在体表守护着，避免外邪入侵我们人体。

太阳既然是第一道防线，外邪侵袭时当然是先侵犯它，正气进行抵御时也是它先奋起抵御，因此感冒刚得的时候叫做太阳病。它如果实力不行了，会很容易受邪而感冒，出现发热怕冷、脖子僵硬疼痛等症状。由于它是起于目内眦的，发热时出现眼睛上吊或斜视的也是太阳经的问题，因为它一受邪出现了缩短，拉动了眼球，严重时整个后背会出现反张。我们体会一下感冒发烧时的怕冷，其实是后背怕冷明显，这也是因为太阳经在后背。

不要小瞧感冒，感冒是体表受邪，似乎很轻微，但履霜坚冰至，体表守护不好，邪气会得寸进尺逐步地深入，形成许多慢性病，那时再进行治疗就很费劲了。为了防止这种局面出现，我们一是要积极地治疗感冒，包括药物、外治等等，不给邪气进一步深入的机会；二是要锻炼体表的防护能力，太阳经的功能强大了以后，邪气就不容易附在体表，试想，我们体表有强大的巡逻队伍，坏人自然不敢靠近。

那么体表太阳经的阳气怎么才能强大呢？有人说多晒太阳就行，很多人信以为真，这是不对的，太阳光可以有阳气，我们身体也需要阳气，但此阳气和彼阳气不是一回事，不能因为名字相同就认为可以互相补充。举个例子，我们机体的糖分可以氧化供能，汽油也能氧化供能，我们能利用汽油供能吗？同样汽车也不能靠馒头供能。所以我们的阳气或热量是从馒头里获得的，不是靠太阳光来补充，太阳光是给植物供能的，让它们进行光合作用。我们的后背又没有叶绿素，晒太阳怎么能提供能量。当然晒晒太阳对身体有好处，那是另一个问题了，不是补充阳气。那么后背的阳气怎么解决呢？太阳经受到适当的刺激就会自强，它的功能强大正常了，体表阳气自然就充足，因此我们需要主动地锻炼，不是靠晒太阳那样被动地“充电”。

太阳经的第二大重点就是它上面的各个俞穴，俞穴就是躯体内的脏器在后背的开口，这些穴位直接和内脏相通，可以看做是内脏各个部门在体表设立的办事处，也可以看做是电脑中的程序在桌面设的快捷方式，通过点击快捷方式就可以联系到隐藏在里面的程序。关于背俞穴还有个唐太宗施仁政的故事，唐太宗有一天阅读《明堂针灸图》，翻看着针灸书，突然看到书中有这样一段话："人体中，心、肝、脾、肺、肾五脏的经络，都附贴在脊背上。"然后，太宗又详细观览了人体穴位图。由此，他想到：衙门问刑时，往往打人的脊背，这实际上便震动了五脏，就会导致伤害性命。那些罪重当致死者，已有死刑条律管着，而对于那些罪轻者，如果还要用笞刑或杖刑，拷打其背部，就很可能把罪轻者打死。这实在是不可取。于是，他当即下了一道诏书：从今以后，所有的问罪衙门，均不许笞杖罪囚的脊背。可见即使在他读书的时候，也在惦记着百姓，被称为"千古一帝"，不是没有根据的。

现在的针灸及推拿按摩治疗时，也常用到背俞穴来调节脏腑，有不错的效果。我们的锻炼当然起不到治病的效果，因为不是站桩就能刺激到某个具体的穴位，站桩只是通过太阳经的拉伸，进一步和内脏牵掣起来，对内脏有个轻微的刺激作用，它这个刺激作用无论如何也达不到针刺的强度。站桩的优势是增强整体的实力，这一点我们一开始就提到了。而且站这个桩也不是只锻炼了太阳经，整个身体的耐力各方面都能提高，只是对太阳经的作用更强一些，前人在设计这个桩的时候，也不是有目的地去拉伸太阳经，他们没有这个锻炼目的，桩法是从武术来的，它最初的目的是为了对敌的，我们看一下这个桩的造型，它的拧转是为了摔跤，是武林前辈从摔跤那里借鉴来的。但好的技击方法因为它对人体的间架结构设计得科学合理，所以它同时也是好的健身方法，这是我们在这里推荐的原因。

千万不要以为锻炼万能，有些朋友得病以后不治疗不吃药，以为坚持锻炼就能好，这样就偏颇了。自己的身体处于什么状态，就应该选择相应的方法来对待，不能千篇一律。有的人身体本来没大毛病，就是心病重，总以为自己很虚弱，需要大补或大调，告诉他不用吃药，锻炼最好，他会反问，我这么虚能锻炼吗？还有的人明明身体有病了，却还讳病忌医，说锻炼一下就好了，这两种极端的做法都不可取。要根据自己的情况综合考虑，有些人确实能通过锻炼把病祛除了，但不是所有人。很多人常年锻炼身体也没有明显的起色，往往就是差药力来推动一把，给上点中药以后马上好转了。因为我们的这些锻炼方法都是属于体育锻炼的形式，和修行人的内功修持不同，没有达到人家那个层次，所以我们敢保证认真锻炼的能强身健体，却绝不敢说能治百病。内功修炼层次太高，使得它难以普及，不是每个人都有缘分接触的，因此说我们站桩等训练还是有自己的优势。

5. 伏虎桩

伏虎桩的练法

前辈们编排桩法也挺有意思的，有了降龙就对应着伏虎。伏虎桩步大身低，宜于锻炼下盘功力，能有效练出伏虎时的无畏气势。动作要领：以左势为例，先从稍息的姿势开始，左脚向前迈出约两个脚掌的长度，足跟微虚，膝盖微屈并有前指之意，也就是前面膝盖有点崩劲，后膝向内裹，前膝后胯形成前后斜向的争力（感觉两点之间有弹簧相连），大腿根部稍向后收，这和前面讲基本桩时要求的胯向里掖是一致的，目的是要用一根筋把大腿和躯干连接起来。臀部下坐，头微前俯，下颌内收，目视左脚前部，左手提起放在左腿膝部内侧，手心向右，指尖向下，虎口撑圆，肘微屈稍上提，腋下涵虚，若能容球。臀部似坐在虎腰上，左手掐住虎颈，右手掐住虎腰，意念假借头与前脚，后胯与前膝之间似有弹簧微微上下前后相系，双臂内侧似撑抱一球。身体重心分配为前三后七（图 1–5–1、图 1–5–2）。

图 1–5–1

图 1–5–2

站此桩可意想身坐虎背，手掐虎颈，悠然自得，任其自然，豪气纵放，纵虎疾驰，但虎的野性未驯，精神不可散乱。这是降伏老虎的解释，还有一种解释，说这个伏是潜伏的意思，这就变成了猛虎潜伏之意。好像一只猛虎潜伏于密林乱石之中，强而精壮，横冲竖撞，周身鼓荡，这样的意念，更符合王芗斋先生的有关论述：“生龙活虎，吟啸叱咤，谷应山摇，其状哉如龙虎之气，操无定势，势犹虎贲三千，气若龙飞万里。”

伏虎桩的目的

练这个桩时如果是踩在比较滑的地面上，会感觉两条腿的距离不自觉地就拉大了，因此两腿总要保持一种夹劲和提劲才能保持住姿势，两腿内侧的筋是比较吃力的，我们知道两腿的内侧是足三阴经，这三条经脉是从下往上运行的。人体的经脉很有意思，足三阳经把气血从上面布洒下来，然后足三阴经再回收以后循着下肢的内侧面抽吸上去，所以两腿内侧面的气血是上行的，和站这个桩时要求的腿内侧有夹提劲一致，可以说有了夹提劲，就有利于足三阴经气血的运行。

由于锻炼到了腿内侧的大筋，对肝也有调理作用。因为肝主筋，中医认为肝和筋在五行都属木，肝在体为筋，如果说肝是公司总部的话，筋就是肝在外地设立的办事处。《素问·经脉别论》：“食气入胃，散精于肝，淫气于筋。”筋的营养来源于肝脏，只有肝血充足，周身筋膜得以充分营养，关节才能够屈伸自如，周身强劲有力。肝的气血亏虚，筋膜失养，则筋力不健，运动不利。所以《素问·上古天真论》中说：“七八，肝气衰，筋不能动。”筋膜的病变也多与肝有关，如筋痿不用，可见于肝阴不足；筋脉拘挛抽搐，可见于肝风内动。总的来说筋和肝的状态是息息相关的，因此锻炼了筋也就锻炼了肝，而下肢内侧的筋又是肝经循行所在，使练筋更有针对性。由于本桩有提劲，会连带产生收肛的作用，肛门一提收可有一定的固肾作用，所以说本桩可以锻炼肝肾。

应该指出此桩虽然对下肢锻炼有非常强的效果，但同时也易造成不良的僵紧，因此要根据自己的体质情况选择站桩的高度，下肢筋力太弱的也不适合站得太低。体质特别虚的干脆就不要站这个桩，我们说过传统体育都有全息性，每一个姿势都能锻炼到全身，只是侧重点略有不同，不一定非要较真地练好每一个动作，健身动作非常多，我们练不完。有些人在健身问题上爱偷懒，总是三天打鱼两天晒网，这样效果不会好。而有些人正好相反，有固执或者说强迫倾向，锻炼的项目全面，而且一天都不落，这样也不好，锻炼也要顺其自然，如果某一天因为休息不好，感觉特别疲劳了，这时就不要再强打精神地锻炼，这种鞭打病牛的健身方式，不但对身体没有好处，反而有很大的伤害，所以说风雨无阻的精神是要有的，具体操作时还是要灵活。

6. 子午桩

子午桩也叫独立桩，是意拳腿部攻防技击的基本功。可以有效地锻炼人的平衡能力，既然叫子午桩，当然是一条腿着地，支撑腿微曲，抬起的腿注意脚尖不要下垂，而是要向上勾起，上肢由抱球状微调一下，分出上下前后来，独立腿的一侧手高，放在脸前；抬起腿的一侧手低，放在胸前。两眼顺着前手的方向平视远方。意念中前手执盾，后手持矛，这时前后手之间的关系是一种攻防关系，前手护，后手攻。

也可以是前手如握弓，后手如拉弓弦，这样就把两手连在了一起，自身两臂两手有拉之不开、推之不动、砸之不落的精神。练子午桩要注意争力的建立，争力就是拉弹簧的感觉，除了前后手之间的争力，两手和头之间、两条腿之间、前腿和躯体之间也要有拉扯不断的争力（图 1–6–1、图 1–6–2）。

图 1–6–1

图 1–6–2

开始练子午桩的时候最大的难题就是站不稳。上手练习时可以先把前腿脚尖外摆，横放在一个小凳子上，练习要领和前面一样，然后逐渐再脱离支撑物练习。要想站稳还可设想支撑腿的胯骨轴（大转子）处有一个垂坠儿，垂线的落地点要在支撑脚的外侧，再加上臀部似坐非坐的意念，子午桩就可以站稳。

第二部分　试力

仅仅有站桩和狮子抖铃还是不全面的，还需要有一些舒缓的动作配合，所以站桩以后应该进一步开始试力训练。因为站桩是在静态中培养劲力的感觉，对这种拳劲有了体会以后，一动起来又可能没感觉了，所以需要进一步在动态中找劲。做这种训练时要将练习站桩功所产生的内在力量，在缓慢的运动中发挥出来。可以说试力是意拳锻炼的中心环节，其重要性正如王芗斋先生说的“盖试力为得力之由，力由试而得知，更由知而得其所以用”，在意拳中认为站桩是基础，试力是关键。这是对追求功夫的人说的，它是整个意拳体系中范围最广的一项专门的训练课程。我们以健身为目的的人没有必要练习太多动作，在此选择一些有代表性的式子给朋友们介绍。

试力的目的，就是在身体运动的情况下，运用意念诱导，继续体会在站桩中培养起来混元力，在肢体有位移时，是否仍然能够做到均整得力，运用自如。从这个意义来讲，试力可以说是站桩在空间的延伸。试力并不是真的用力，而要用意。前面在站桩的时候我们已讲过，要求用意不用力。现在我们讲试力也同样要用意不用力，也同样要体现出矛盾，也就是在欲行又止、欲止又行、欲行又不得不止、欲止又不得不行的状态中来运动。

在站桩有一定基础之后就可以加上试力训练了，这里所说的有一定基础是指能感到身体四周都有阻力存在。试力时可设想整个身体都在水里，体会各部位内外的阻力感。要逐渐地用整个身体去试，而不只是用手臂去体会。初练时手臂与身体的运动会不太协调，但多做练习，注意靠身体的运动来带动手臂的运动，懂得身体与手的内外关系，就好像身体是圆心，手是外圆，因此身体移动一点，手在外自然就要相对移动多一些，这样才能保持身体与手的协调一致，这称之为身子要手。当然还有一种训练是手要身子，也就是手动作小，而身体动作大，这是在实战中运用的，我们健身不用这么复杂。试力中两手之间要有紧密的响应，整个身体才能平衡均整，才能形成合力。也就是在动作过程中的每一个点上，我们意力向前的延长线在远处都有一个交点，否则身形和意念容易散。

总之，试力中我们要注意身体的平衡均整，骨骼的支撑，各关节部位要松灵，整个试力要全身自然，运转缓慢，如抽丝一般，不可停滞，就是我们经常说的“运力如抽丝”。还要注意，动一处要为全体动着想，所谓动一处牵全身，一动无不动。初学试力，总的原则就是动作越细微，运转越缓慢，精神就越要宁静集中，也就越有作用。

1. 波浪试力

波浪试力的练法

波浪试力是说运动时身形像波浪一样蛹动，是比较容易上手的一个动作，也有很好的健身效果，可以先从养生桩开始，身体左转，左脚向左前方迈出，身形介于正和斜之间。然后两手随着身体的转动放在身体前方，左手在前，右手在后，掌心向下，手指有前指的意思（图 2–1–1），这时双手下按，双腿有夹劲，整个身体有上长的意思（图 2–1–2），然后重心缓慢前移，在移动的同时有一个从脚下向上催动的力量，靠着这个力量把双手抬至肩上面前，手形不变，这时的重心已经是前七后三（图 2–1–3），下面就要把重心往回

图 2–1–1

图 2–1–2

移动了，身体往后坐的时候，双手伸出去（图 2–1–4），正面照（图 2–1–5~图 2–1–8）。接着不要停顿，双手逐渐下按回到腹前，连接起来就是双手在胸前同时画出立圈，像是摇辘轳的动作，身体和手有反向的起伏动作，再就是重心在前三后七和前七后三之间倒换。基本动作是这样的，下面我们介绍细节要领。

图 2–1–3

图 2–1–4

图 2–1–5

图 2–1–6

图 2-1-7

图 2-1-8

波浪试力的要点

首先注意放松，做这个动作时肩部容易紧，要有意识地控制，既不要太僵，又不能太散，因为有人在上肢画圈的时候容易夸大动作，肩部不自觉地就耸起来。注意肩在这里就是起到轴承的作用，它只能围绕一个轴来转动，不能让轴跟着晃动。做动作时双手假想扶在水中漂浮的木板上，往下压时要克服水的浮力。上肢向下压的同时身体向上长，和游泳的道理一样，游泳时向下压水，身体当然会向上浮。同样，手向上运动时，身体要向下坐。王芗斋说过试力如同在空气中游泳，就是这个意思，所以身体和四肢一动就能体会到水的阻力。总的来说是上下劲为主，前后劲为辅，当然左右劲也不能丢，双肘有外撑的意思。

再注意一下下肢的动作，下肢要注意重心不断在前后之间倒换。这是通过两腿的夹和撑来完成的，把腿当成圆规的两条腿，圆规如果一夹合时，它自然要提高，一撑开它就落下，所以腿要有夹劲和撑劲。现在我们整体的动作是双手下按，身体上长，双腿夹合，重心是前三后七，反过来双手上提，身体下坐，双腿撑开，裆撑圆，重心是前七后三或五五平均。

动起来要有波涛汹涌往复的气象，所以叫波浪试力。这种试力能将人体撑拔伸缩柔化，提高灵敏度。试力时双手与身体密切配合，做上下相反的波浪形运动，即双手向上时身体向下落，双手下按时身体向上撑拔，运动轨迹为立式椭圆形。熟练以后可以感觉到自下而上节节相催的波涛涌动之感。不但自己本身运动时有波浪的形象，还可以意念想象自己有如站在波涛汹涌的汪洋大海之中，双手与身体不断与波浪抗争，波涛来时，我用手下按，身体上拔，借波涛浮力升到水面，浪涛消退时，我手起身伏，一起一伏地与大海波涛相争衡，这样更能够锻炼无畏精神。做试力时要注意顺畅松柔，像打太极拳一样，不能有一丝僵滞，也不能停顿，做到力断意不断，意断神犹连。设想在体外一定范围内有我们形成的气团，肢体一运动可以带动气的运动而形成气圈，即使肢体动作偶尔有停顿，周围的气圈还是在运转着的，所以说神意不能断。

波浪试力的健身目的

我们前面说疏通身体的郁滞需要“雷以动之，风以散之”。身体的抖动属于雷以动之，那么这里舒缓的试力就属于风以散之了。抖动时是一对相互拮抗的肌肉交替收缩，虽然不属于肌肉强直，肌肉在收缩时也是有一定紧张度的，所以它产热较高。试力则要求肌肉放松，只能使意中力，不能真正使劲，肌肉也就没有强劲的收缩，这样气血更容易流淌。做试力时不会像抖动那样浑身热得不行，而是感到温暖舒适，这是气血充盈、自然流畅的表现。

一定要记住“雷以动之，风以散之”是疏郁的两大法宝，当然有时也需要药物配合。体内郁滞多是肝的原因，肝这个脏器很有意思，它是体阴而用阳，也就是以阴血为本体，以疏通为作用。肝能够藏血，它需要阴血来滋养着，然后疏通的作用才能发挥。或者说要先满足它最基本的需求，它才能正常地工作。一个人连温饱都解决不了的时候，还能指望他干活吗？所以说很多肝郁的人都有肝血不足的因素存在，这样光靠疏通是不行的。特别是很多女性经常爱郁闷生气或着急，就是因为她可能存在血虚的情况，名方逍遥散里面就有当归、白芍来补充肝的阴血，然后再用薄荷、柴胡疏肝。对女性的肝郁是很有针对性的，甚至被视为妇科专用药，当然男性同样可以用。这是说解散郁滞有时不能仅靠“雷以动之，风以散之”，还需要“雨以润之”。先用“雨”把后勤补足了，并且使不通的地方滋润了，然后再去疏通效果就比较好，我们都知道生锈的螺丝拧不开时不能用蛮力硬来，要先上油浸润了再拧。

“雨以润之”除了补养阴血的药物，也可以辅助锻炼，站桩就是补养气血的。现在我们已经把调整身体的三种方法都介绍完了，其实就是《易传》中说的“雷以动之，风以散之，雨以润之”，并详细讲解了它们的机理，我们把《周易》搬出来并没有故弄玄虚的意思，易理是大道理，当然能够涵盖医理，这一点也不玄。需要注意这三种方法不是完全孤立的，它们只是有侧重点，相互之间可以有交叉，比如站桩以补益正气为主，同时也有疏通的作用，站桩的时候心跳和呼吸都有轻微的增高，并且要求肌肉放松，不压迫经络经脉，气血的流行也就加快；同样，试力时悠悠扬扬，心情舒畅，它不光能流通气血，也有温养的作用。

2. 摩擦步

摩擦步的练法

上面介绍的是波浪试力定步的练法，实践锻炼中可以逐渐变成活步的练法，活步训练更能够体会上下一体的运动，也就是“上动下自随，下动上自领，上下动中间攻，中间动上下合”，以及“一动无有不动，一静无有不静”。如果确实感觉上下配合困难的，上肢可以先不要做太大的动作，把双上肢放在身体的两边，同样感觉站在水中，双手放在水中的木板上，或是设想扶着两条杠子，要起身时，双手微微下压，借助水的浮力把身体撑起来，身体下落时手微微上抬，体会身手反向运动的感觉。由于上肢的动作幅度比较小，可以集中精神体会练习步法，这个就是专门练习摩擦步了。

先从正面的养生桩开始，同样是身体左转，左脚向左前方迈出，双臂伸向身体两侧（图 2–2–1）。在练习活步时首先要注意两个要领，即形意拳的拳谚中说的“起如挑担，动如槐虫”。

图 2–2–1

这两个要领需要我们细心体会，可以设想一下肩膀上有一担水，我想要挑起它需要怎么用力，如果找不到感觉就先借助一下实物，现在扁担找不着了，可以让别人压住你的肩膀，你对抗这种压力，怎么用力最轻巧合理，记住这种用力习惯和感觉，在空练的时候保持住。老前辈们总结的拳谚都是很到位的，言简意赅，又很形象，这个用力方法如果用语言来具体地解释很费劲，理解起来也不容易，比如我们把起如挑担说成劲儿从脚下来，用脚蹬地，通过全身的传递，集中于肩部，这样解释费劲不小，也未必让人理解。不如用挑担这个比喻，只要用心体会，都能够做到。挑担是指用力方法，起字有两个含义，一是空间上的含义，表示向上；另一个是时间上的含义，表示开始，也就是说在开始想动步子以前，先有一个向上挑担的意识。这第二种含义很重要，它其实是要改正我们日常的行走习惯。我们日常怎么行走呢？就是只双腿在用力，上身及上肢只是配合一下调节平衡。这种用力习惯稍微遇到一点阻力就走不动了，因为不是整体用力，而现在需要改正这种习惯，整体先有一个向上的劲，把上下连为一体。当然仅仅起如挑担也未必能克服阻力，后面还有很多要领，但如挑担是第一步，所以叫起如挑担，就是以挑担的意识先启动。

下面是动如槐虫，槐虫是槐树上生的虫子，也叫尺蠖，它没有腿，爬行的时候靠一屈一伸来完成。这种运动形式是一种蛹动，也可以说是以波的形式在运动，和波浪试力中的波浪是一致的，这样形成的劲也叫翻浪劲，有节节贯穿的催动效果，老辈人说练形意拳是属蛇的，就一块骨头，这一块骨头怎么动呢，是靠波浪式的蛹动。

动如槐虫说得挺明白了，但不会像起如挑担那样一下就掌握的，因为我们平时的运动以四肢为主，基本动不着脊柱，所以脊柱都不怎么会动，而这种蛹动恰恰是靠脊柱来完成的。所以看见别人做得挺明白，到自己这里就感觉不听使唤了。甚至练很长时间也不能掌握，其实这里有个小窍门，就是用剑突画圈，我们可以试着用剑突在胸前画一个立圈，这时的脊柱就是蛹动的，正向画完以后再反向地画，进一步可以在相互垂直的三个面里画（冠状面、矢状面和水平面），这样三个平面里都有正反，总共是六个圈，这样就比较全面了。平时即使在坐着的时候，也可以练练剑突画圈，这对锻炼脊柱很有好处，能增强脊柱两旁肌肉的力量，增加椎骨间韧带的强度，如果坚持下去，可有效地预防椎间盘的疾患。

起如挑担，动如槐虫做完以后还没有真正的动步子，后腿还在原地没动呢，只是重心已经起来了，脊柱有了蠕动，这就形成了动的势头。然后拔后脚，感觉后脚如同从泥地里拔出一样，所以要整个脚平着起来，不能先提脚跟，那样就把鞋粘在泥地里了。后脚拔起以后，感觉着有阻力的向前，这里也有一句拳谚叫“迈步如犁行地”，感觉脚就像在耕地一样，不能飘起来，又有很大的阻力。后腿假想有这么大的阻力，靠什么来前行呢？靠前腿的扒力及两腿间的夹力。这样后腿费了很大劲终于跟上来了，把后脚贴在前脚的内踝旁边，脚掌仍然是平的，不能过于松垂（图 2–2–2），这时虚腿的胯必须有缩劲，这个缩劲把整条腿提起来，形意拳要求练鸡腿，我们观察一下鸡是怎么走路或站立的，它总是一条腿着地，另一条腿往上缩着，有一种缩劲，而不是向下垂

图 2–2–2

着，所以鸡即使一条腿着地，也从来不会晃悠。这样我们的步法就算完成了一半，这一半讲起来很复杂，做熟练以后概括起来就是四个字“提、夹、扒、缩”。提是指提后腿，夹是两腿要夹，扒指的是前腿，缩是指后腿要有缩力。

下面的半步就是把原来的后腿改为前腿送出去，方向是斜前方，比如出右腿就向着右前方，出腿的时候仍然要如同犁地，所以脚面要平，可以脚尖略低，因为犁地的时候犁尖的力量是向前下方的，不能像太极拳那样把脚尖翘起来出腿，那样就没有趟劲和崩劲了。可以假想出腿如犁地，也可以假想两腿之间有铁镣相连，腿时要有崩劲把铁镣崩断。所以出腿也有四个字，即“趟、崩、拧、裹”。其实拧和裹，应该是前半步的要领，是要我们转一下身，有点旋转的力量上步，以左腿在前、右腿在后为例，上右腿时，身体要向左拧，以右胯和右肩往前进，可以找个同伴做一下试验，让对方推住我的前胸阻止我上步，我如果是身体以一个平面的形式直接往前进，往往顶不动对方，这时我把身体旋转一下，用后胯和后肩先上，对方就阻止不了我们了。这有两方面的原因，一是我旋转以后，对方的顶劲被化掉了；二是以胯和肩作为先锋，是用斜面前进的，它比平面前进要顺畅一些，就像一张桌面垂直的对着风前进很费力，把它斜一下就省劲多了。这样我们把右腿跟上来以后，身体的面其实是向着左前方的，这时右腿再向右前方出腿就很别扭，所以不要着急出腿，一定要先变面，把身体的朝向调过来，要略微面向右前方以后再出右腿（图 2-2-3），这时感觉右腿是正着出去的(图 2-2-4)，最后逐渐把右脚踏实（图 2-2-5)。然后向右拧身，通过起如挑担，动如槐虫把重心移到了右腿（图 2–2–6），再上左腿，来回交替进行，两只脚在地面上拉出的轨迹就是两条蛇形的线，这两条线交织在一起，非常的规律。这讲的实际是意拳摩擦步的练法，感觉脚下好像有摩擦力，所以叫摩擦步，后面所有的试力，在动步的时候都按照这些要领去做，我们就不再重复介绍了。

图 2–2–3

图 2–2–4

图 2–2–5

图 2–2–6

下一步把波浪试力上面的动作与下面的步子合起来做，刚开始可能上下不协调，多练习几天就能合上了。

循序渐进地练习动作

做试力不可能一下子就做到位，需要有一个长期的训练磨合过程，才能逐渐地掌握。这属于掌握运动技能的练习，在生理学中，运动技能就是大脑精确地支配肌肉的能力，要想形成运动技能，大脑皮质的运动中枢需要有所变化，一些神经细胞会在机能上排列组合，这些神经细胞有顺序、有规律的兴奋和抑制，形成了一个系统，或者说有了一定的形式和格局，使条件反射系统化。大脑皮质的这种系统化、规律化就是运动动力定型。运动技能的形成就是建立运动动力定型的结果。

运动技能的形成一般来说需要经过四个阶段，首先是泛化阶段，这个阶段肢体的信息通过神经传导到大脑以后，大脑皮质的细胞以兴奋为主，抑制的程度不够，所以这时肌肉的活动往往是动作僵硬，不够协调，不该收缩的肌肉也跟着收缩，出现多余的动作，而且很费力，做同一个动作，熟练的人可能感觉很轻松自然，而这个初级阶段的人已经累得满头大汗了，其实不一定是他的体力不如别人，主要是他做了太多的无谓的消耗。这就是大脑皮质细胞兴奋扩散的结果。

过了泛化阶段，就进入了分化阶段，某个动作通过不断地反复练习，大脑皮质中运动中枢的兴奋和抑制逐渐集中，抑制过程得到发展。也就是由上一个阶段的普遍兴奋，发展为兴奋和抑制互相配合，各有分工，不允许细胞们凑热闹一起跟着兴奋。这个时候大部分错误动作可以得到纠正，减少了多余的动作，用不到的肌肉不会再傻乎乎地跟着同伴收缩，它们懂得了轮流休息，这样运动起来更持久而不易疲劳，并且做出的动作也很顺畅和连贯。可以说基本建立了动力定型，但还不够巩固，运动时还必须有意识地去控制肢体，稍微一走神动作就做不好了。

再进入下一个阶段就是巩固阶段了，这个时候建立的条件反射已经巩固，大脑皮质的兴奋和抑制在时间和空间上更加精确，到了这种程度，不仅动作完成得比较准确，还可以出现自动化，即不必再有意识地去控制也能完成动作。在环境条件有所变化时，动作也不易受到破坏，并且这时内脏器官的活动也和肢体动作配合得很协调，完成动作感到轻松省力。

进一步训练就会达到动作自动化的阶段，这时在无意识的状态下就可以很好地完成动作，以前有个笑话说某人被打了，还埋怨对手没有按照套路打，这就是动作没有进入自动化阶段，如果是自动化的动作，自己在做的时候都不知道是怎么回事，只能是做完以后回想，才知道做了什么动作，甚至连回想都不能清晰地记忆，虽然没有经过思考，这个动作也完成得非常到位，这需要长期刻苦地训练才能完成，我们现在能把动作做得协调省力，精神放松，就可以满足健身的需要了。

3. 钩挂试力

钩挂试力的练法

钩挂是指的手上的动作，在意识上是要像钩子一样挂住对手，从而来控制对手。人有五个手指，我们看一下哪个手指能起到挂的作用呢？肯定是边缘的，中间的三个手指只能叫抓，不叫挂。所以能挂的只有大拇指和小指，应该说，这两个手指钩住对方的手臂形式是一样的，但为了表达有所区别，约定俗成地把大拇指的动作叫做钩，小指的动作叫做挂。在讲站桩时我们说过，大拇指要张开，使阳溪穴旁边的两条筋崩起来，这就等于手上分出了一个叉，可以钩对方了；同样，小指也要类似大拇指张开，使得尺侧缘能够挂人(图 2–3–1)。

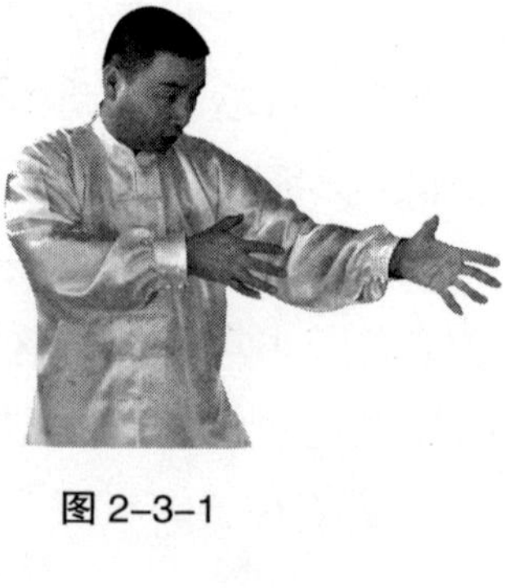

图 2–3–1

掌握好手型以后，就开始整体的动作，从正面的养生桩开始，身体左转，左脚向左前方伸出，和前面波浪试力时的步型是一样的。这种步型又叫做丁八步，为什么叫这个名字呢？丁字步或八字步我们都很熟悉了，但这个步子是介于二者之间的一种形式，它兼顾了灵活和稳定两方面，其实大致就是把稍息的步型拉大了，再稍作调整，一定要做到舒适得力，如果感到别扭的情况下强做动作，天长日久会损伤关节的，特别是膝关节。我们注意不论步子大小，膝盖的下垂线要落在脚上，如果不在脚上，那么体重压下来肯定形成一种扭力，会破坏膝盖的结构，短时间内没什么影响，时间一长，或者和别人对练时，对方再施加一个压力就容易受伤了。

下肢的动作调整好以后，双上肢一前一后地摆在胸前，两掌心相对，注意手指张开（图 2–3–2）。这时两腿有夹力，重心向后移，后背有后靠之力，两肘分开，两肘一分，自然手就拉到了胸前，并且肘分向两边以后，带着前胸也打开了(图 2–3–3)。然后把两腿的夹劲松开，改成下落而撑，这么一撑，重心自然会前移，逐渐把重心过渡到五五的比例，即两腿平均受力。这时两肘向内合，自然两手前伸。伸的同时双手内旋，伸到最前面时就成了双手心向下的姿势（图 2–3–4)，正面图（图 2–3–5~图 2–3–7)。这时需要注意，手不要伸得过长，讲究“形不破体，力不出尖”，整个体型要有浑圆饱满的感觉，如果伸得过长，那就是身体出来一个尖，这种结构是不稳定的。从对敌的角度来说，单纯地把手伸到对方的势力范围内，而我们躯体的后盾又跟不上，这属于孤军深入，犯了大忌，前手容易遭到伤害。即使不对敌，从自身角度来说，前手过长也不合理，不够稳固，形成了一种上大下小的结构，假如在前手上挂一个重物，身形就保持不住了。所以手有一个范围，不要超过前脚尖。手伸到尽头以后，再逐渐外旋、后拉，同时两肘外分，重复前面的动作。

图 2-3-2

图 2-3-3

图 2-3-4

图 2-3-5

图 2–3–6

图 2–3–7

熟练以后改为活步的练习，步法要求和波浪试力一样，大的要求是手向后拉的时候上后步，好像是拉住前面的绳子把自己拉上来一样；波浪试力是在双手下按的同时上后步，感觉好像是用手按住水岸，把自己撑上岸去。所以钩挂试力以前后劲为主，波浪试力以上下劲为主。

我们练习的这些动作处处是矛盾，矛盾又包括了自身的矛盾和体外的矛盾，一般先找出自己身体的矛盾，比如假想双手和身体之间有弹簧相连，双手回拉的时候感觉有弹簧顶着，双手前伸时有弹簧拉着，总是不能如愿。这只是一个例子，在身体上建立的这种牵连越丰富越好，比如手与两眉之间、前膝与后胯之间等等，这样一做动作处处有羁绊的感觉，做出的动作就不像街上很多人打太极拳时空比划了。就像蹬自行车一样，掉了链子的车子，蹬着省劲，但再蹬车子也不会走，只有感到阻力了，将来才能达到目的。

这是建立自身的矛盾，王芗斋有句话叫“己身已具备，反向身外求”，就是说要逐渐地寻找与体外建立矛盾，其实刚才说的，假设用手拉着东西把身体拉到前面去，就是建立体外的矛盾，包括波浪试力在水中动作的感觉，也是属于体外矛盾，所以锻炼时有一个从体内延伸到体外的过程，但找体外矛盾也不是终点，王老先生又说了“执着己身一无是处，离开己身无物可求”，这是更高的境界了，我们锻炼身体不用要求这么高，注意动作到位，精神假借得真实就足够了。

加强版的钩挂试力

介绍完了最基本的钩挂试力，为了提高锻炼效果，需要进一步加大上肢拧转的幅度，手往回收时，不仅是手心相对，还要进一步地外旋，拧到手心向上，并用小指往里勾（图 2–3–8、图 2–3–9），去找自己的肩窝（图 2–3–10），收到最里面时，翻一下腕子，手臂内旋，手心向下（图 2–3–11），变成了两手心向外，然后把手伸出去（图2–3–12），原来

图 2–3–8

图 2–3–9

的动作是手心向下前伸的。这样一来，明显的上肢活动的幅度比原来加大了。正面图见图 2-3-13~图 2-3-15。

图 2-3-10

图 2-3-11

图 2-3-12

图 2-3-13

图 2-3-14

图 2-3-15

钩挂试力的锻炼效果

加大幅度有什么锻炼效果呢？上肢循行着六条经络，手三阴三阳经，做一般的体操、出拳、拉筋等运动时，只是对经络起到了拉伸的锻炼，没有螺旋的拧劲，这样效果就有些折扣。太极拳有螺旋的运动，但拧的幅度适中，没有达到最大化。这个动作要求我们拧到了极限，是日常生活中完全活动不到的位置，比如手前伸时手心要向外，做的时候会感到别扭或很累，正是这样才起到了良好的锻炼效果。就像一条毛巾，先把它正着拧到头，再把它反着拧到头，反复地这样就把里面僵滞的地方柔化开了。

这个动作除了能使上肢拧转以外，还能对肩部有很好的锻炼效果，我们可以感觉一下，手往回够到肩窝的时候，肩部是展开的，可以说是向后向外掰开，如果手仅仅是回收，没有手心向上、前臂外旋的话，肩的活动幅度就没那么大；同样，双手前伸时，肩部会向前合，如果手心向下，肩合的幅度也不大，现在翻到手心向外，会感到后背绷紧，前面形成凹窝，等于是双肩向前扣了。我们平时锻炼，对肩的旋转运动比较多，把胳膊抡起来转肩关节，而对肩的这种掰扣运动相对来说还是盲区，所以如果加上这种训练，更能够加强肩部的灵活性，防止肩关节囊及其周围韧带、肌腱和滑囊的黏连或炎症，也就是防止出现肩周炎等疾病。钩挂试力也是一动无不动，能够锻炼全身的，但在全身之中又有重点，即从肩到手的上肢经络及关节，如果感觉有上肢不灵活，或有麻木、疼痛等症状，可以有针对性地多练习一下这个动作。

4. 檐前滴水

檐前滴水的目的也是活开肩关节，先以丁八步站好，左前右后，身体右转，同时右前臂外旋，右手向右后上方伸出，这时可以感觉右肩掰开，腋窝下的两条筋都绷上了劲；左手则内旋，从胸前滑下，滑下时是顺着球面运行的，似乎胸前有一大球，左手扶着球滑下去，落到底时手心是向左的（图 2–4–1）。这样，左肩是完成了内扣的动作，继续把动作做到极限，做完以后用手摸一下左肩前面，不应该是平的，应该有一个凹窝，才是做到位了（图 2–4–2）。然后腰向左转，左手挑起，右手落下（图 2–4–3），继续重复左肩外掰、右肩内扣的动作，并把动作做到极限（图 2–4–4、图 2–4–5）。檐前滴水和钩挂试力在推手中的含义有很大的不同，但从健身的角度来讲，没有本质的不同，目的都是练肩。不同的地方只是形式，钩挂试力的双肩是同时开或同时扣，檐前滴水则是错开，一侧肩部开的同时，另一侧就扣，变化更加丰富；再就是二者对肩部的活动范围不同，檐前滴水对肩的掰和扣都达到了极限，亲自做一下就能体会到。因此我们同时选了这两个动作，并不是重复。

图 2–4–1

图 2–4–2

图 2-4-3

图 2-4-4

图 2-4-5

5. 滑车试力

滑车试力的练法

滑车是指什么呢？是说树上挂着一个滑轮，然后滑轮一侧挂着重物，这一侧由我们抓着，把上肢向前上方伸出，就等于把重物放下（图 2–5–1、图 2–5–2），然后双臂下落，重心后坐，意念把重物拉起（图 2–5–3）。这样反复地把这个重物拉起再落下，当然这也是意念假借，千万不要找一个真的滑轮。正面图（图 2–5–4~2–5–6）。

图 2–5–1

图 2–5–2

图 2–5–3

图 2–5–4

图 2–5–5

图 2–5–6

这是上肢的动作，练习熟练以后加上起腿的动作（图 2–5–7），在上肢钻出的同时，后腿上步向前蹬出（图 2–5–8），然后手和腿再沿原路返回，意念是通过身体重心的下降，把滑轮对面的重物拉起来（图 2–5–9）。这个动作对练功夫的人来说主要是练下发力，手脚往回挂的时候有一个下砸的力量，并且要把全身的力量瞬间合在一起，这样一百多斤的体重在瞬间砸下来的话，对方的颈椎是受不了的。

我们借用这个动作来健身主要是练什么部位呢？它能活开下肢的关节或经络，在上后腿的时候要求比较严格，绝不是随便的把腿伸出去就算完了。如果随便做的话，后脚就从前腿的踝部或小腿中部伸出去了，那样对后腿各个关节的活动幅度比较小，现在要求一定要把后脚从前腿的膝内侧伸出来，这样在提后腿时必定抬得很高，做起来是比较累的，锻炼了肌肉的力量，而且胯的活动幅度大了

（图 2-5-10），我们可以体会一下，能够感到胯掰开了，这也是日常运动活动不到的范围，并且这个范围并不是难以企及。像一些杂技运动员的关节活动范围确实是大，但我们平常人做不到，也就没有意义。

图 2-5-7

图 2-5-8

图 2-5-9

图 2-5-10

我们说的这个活动范围大，是指并没有超过人正常的活动度，只是平时的运动没涉及这个角度。像打扫卫生一样，平时总是来回地打扫宽敞地方，犄角旮旯的地方常年也注意不到，现在要求我们有意识地把忽视的地方打扫一下，这些地方虽然扫着比较困难，但绝不是做不到，如果因为嫌麻烦而偷懒，那就是孟子所说的："是不为也，非不能也。"如果说非要求像杂技运动员那样的柔韧度，那就是"挟太山以超北海之类也"，确实是不能了。所以我们的练习是在力所能及的情况下，最充分地锻炼关节，既然是力所能及，就是符合生理的，不用担心伤到关节。

在后腿蹬出的时候注意脚尖要勾起，这样就会拉伸腿后面的筋，有一种筋短的感觉，可以起到压腿的锻炼效果（图 2–5–11）。上下肢伸出时应注意互相配合，也就是常说的手脚齐到。这样才能保证周身上下是一股劲，而不是上下分家（图 2–5–12）。手脚下落的时候按照原路返回，出的时候胯是外开的，返回时就要里合。做这个动作时，始终有一条腿是独立着的，所以同时又能锻炼人的平衡能力。

图 2–5–11

图 2–5–12

滑车试力的锻炼目的

总的来说本法以锻炼下肢为主，锻炼下肢对预防衰老是非常有效的。我们都知道有句谚语叫“人老先老腿”，人出现老的表现，往往都是从下肢开始的，比如腿没劲、走路不稳、懒得行走等。所以有一种说法是，给老人买轮椅就等于害了老人，因为他放弃了使用下肢的机会，使腿的技能退化得更快。应该注意越是下肢不灵越要锻炼，偷懒是万万不行的。为什么会先老腿呢？肢体的活动是靠阳气来支配的，阳气的生长都是从下面顶上来，在《易经》中，阳气初生以震卦表示，下面一阳，上面两阴，这种状态在中医中叫做少阳，阳气逐渐壮大，形成下面两阳，上面一阴，这是兑卦，这个时候阳气就很强盛了，再进一步发展，阳气会衰老，衰老以后是什么状态了呢？阳气浮在了上面，下面是阴气，形成了艮卦。

人的生长壮老也是这个规律。儿童时期是下面阳气非常旺盛，小孩刚会跑的时候，腿摆动的频率非常快，他也不累，就是因为下面阳气足，成人是不可能像他那样蹦蹦跳跳的。随着年龄增大，阳气逐渐往上走，下面的阳气越来越薄弱，而阴气越来越盛，因此到了老年以后往往会形成这样一种状态，上面阳气盛，下面阴气盛，这种状态会有什么表现呢？很多老人已经表现得显而易见了，上肢或头不停地抖动，就是上面阳盛阴虚，阴气约束不住阳气，阳气窜动导致了肢体抖动，我们看发抖的老人都是上半身抖，下肢没有抖的。下肢的阳气不足，它不但不会乱抖，连正常的活动都费劲，走路迈不动腿，一点一点地往前蹭着走，他为什么蹭呢，就是因为没有阳气的催动腿根本抬不起来。而且老人容易下肢水肿也是下面阳气不足的表现，上面也有肿的，但比下肢水肿少得多。为了避免衰老，我们就要积极地锻炼下肢，包括下肢的力量、平衡能力、柔韧度、活动范围等等都需要维持，这样才能保持下肢的活力，使下肢阳气不衰，我们这个动作基本照顾到了这四个方面。

6. 移步换形

移步换形的练法

移步换形是靠法，靠法也就是和对方离得比较近时，用身体把对方撞出去，所以武术中讲贴身靠，离得远时是靠不住对手的。练法是先从正面桩开始，左脚向左前方迈出，以丁八步站好，左手在前，右手在后（图 2–6–1），以身体带动上肢略微向右转动，这其实是欲左先右（图2–6–2）。然后身体带动身体向左横拨摆动（图 2–6–3），转动极处后继续向右摆动（图 2–6–4），重复上面的动作，做身体的摆动。虽然身体在左右地摆动，但是以身体的左侧为主动面，因此主要锻炼了身体的左面，要锻炼右面就要上右步，以身体的右侧面带动上肢摆动。细心的朋友可能已经发现这个动作和波浪试力的异同，波浪试力在一个立圈上传递波浪力，而移步换形则是在一个横圈上以波的形式传递力量。

图 2–6–1

图 2–6–2

图 2–6–3

图 2–6–4

移步换形的锻炼目的

这个动作的锻炼部位在哪呢？就是从肩到胯这个侧面，前面我们已经把练肩和练胯的动作介绍了，肩和胯之间还是空白，这个动作正好弥补了这个空白，中华武术的动作浩如烟海，我们只是选择一些有代表性的，以能够把全身重要部位照顾到为目的。

身体的侧面虽然不是关节，但对躯体的结构稳定起到重要作用，人体的脊柱是中间的一棵柱子，上面连着肩胛骨和锁骨，下面连着骨盆，这样的骨架结构正好形成了一个工字形，工字形的结构很不稳定，因为它只靠中间的一根柱子来支撑。稳固的方法是在工字的左右两侧有筋来连接，练武术的人都非常重视躯体两侧这两根筋的锻炼，他们想用这两根筋把两侧的肩和胯连接起来，这样躯干的结构就不容易被对手破坏。实际上这个部位并没有一根从上到下的筋，它是由背阔肌、腹外斜肌、胸腰筋膜等肌肉或组织组合起来形成的，给人的感觉是真的有一根筋在这里拉着。这个部位如果不锻炼，其实是很薄弱的，老年人出现的急性腰扭伤，也叫岔气，就经常是这里出了问题。

做移步换形的时候，身体的侧面就是用力的地方，虽然活动的幅度并不大，但我们的注意力总能集中在这里，就能引起气血的灌注增多，就能使这个部位强壮。这个动作做对以后就像鱼儿摆尾一样，是一种协调的运动，武术讲究整劲，即周身的劲是一个整体，不能分散。一散了就对敌人没有作用效果，但整劲有不同的形式，不仅是抱成一团的撞击叫做整劲，还有一种整劲叫“风中旗，渊中鱼”，就是说像鱼那样摆动的也是整劲，鱼没有胳膊腿，却能在水里自由地活动，因为它从前到后是一个劲，这个劲是摆动出来的，我们都知道鲤鱼在打挺的时候一下能蹦老高，就是因为它的摆劲特别强。

摆劲和榔头撞击的劲在形式上是不一样的，榔头是不会变形的，它上面的各个点以同样的方向和速度在位移；摆劲就不一样了，它实际是以波的形式在传递力量，所以说身体的各部位并不是固定死的，它要形成一种波动，这样做移步换形的时候，身体其实是很柔和、很顺畅地在运动。特别是身体的侧面，作为这个动作的主导部位，就更能得到充分的运动。

大家知道身体的侧面是肝胆经循行的部位，肝经要布于胁肋，胆经则由缺盆下行腋下，沿胸侧过季胁，向下会合于髋关节部。二者一个上行，一个下行，它们对于梳理身体的气机起到重要作用，肝气郁滞时经常引起两肋疼痛就是这个原因。因此运动柔化这个部位可以防止肝胆气滞。

身体的这个侧面很重要，它在某种意义上来说起到门轴的作用，为什么这么说呢？我们的身体是分阴阳两面的，阳面的颜色深，阴面的颜色白，比如《内经》中常提到赤白肉际，就是这两面交界的地方。就躯体来说，胸腹这一面属阴，背部属阳，那么侧面当然就是阴阳的交界，可以说侧面是在夹缝中生存的，不像腹面或背面都有自己固定的势力范围了，它带有很大的不确定性，因此凡是交界的地方性质都有些飘忽不定，类似于门上的合页，合页一定要滑利，不能锈住。一锈住就会影响肝气的疏泄功能，肝若疏泄功能正常，则气机条畅，气血津液流通顺畅，经脉通畅，脏腑器官的功能活动就能保持协调，从而维持机体正常的功能。《张氏医通》指出："肝藏升发之气，生气旺则五脏环周，生气阻则五脏留著。"相反，肝主疏泄的功能失常则会引起肝气郁滞。

肝气郁滞非常常见，症状也很广泛，其主要表现有两胁胀满或窜痛，胸闷不舒，且胁痛常随情绪变化而增减。肝气郁滞以后可以上逆于咽喉，使咽中似有异物梗阻的感觉；肝气如果横逆，可以侵犯脾胃，胃气不和便会出现胃脘疼痛、呕逆，吐酸水；脾气失和就发生腹痛、腹泻。肝气还可以上逆乘肺，肺气不降而出现咳嗽气喘；肝气郁结可以化火，使得心火也旺，出现口舌生疮，心烦失眠。肝气郁结的时间长久会进一步影响到血分，形成血瘀，导致胁部刺痛不移，或逐渐产生症瘕积聚。此外，如月经不调、神经官能症等病症也常和肝气郁结有关。

可见肝脏虽然只是一个脏器，却和其他脏腑有着密切的联系，肝气如果不和，便会出现一系列的复杂问题，古人说肝为五脏之贼，指的是肝脏为病，不但表现为本脏的病变，而且影响其他脏腑，使其他脏腑也出现病变。有时肝病的症状表现不明显时，其他脏腑已经出现症状。前人曾论述："人之五脏，惟肝易动难静。其他脏有病，不过自病……惟肝一病则延及他脏。"所以我们选择了移步换形这个动作，以摆动的运动形式来活开身体侧面，使得肝胆经顺畅无阻，但这是以预防为主，真的出现了病症，还是需要服药或针灸推拿之类的手段来治疗。

7. 瓶花落砚

瓶花落砚的练法

瓶花落砚也是以波的形式来传导的劲力，不过和移步换形又有所不同，如果把移步换形叫做摆动的话，那么瓶花落砚就是甩动，它是鞭子劲。甩动无疑更松弛一些了，身体要像一根绳子一样，才能甩起来。移步换形则像鱼的摆动，鱼摆动除了灵活劲以外，里面还含着韧劲，绳子就没有这股韧劲了，完全是松弛的。

从正面桩开始，左脚向左前方迈出，双臂向两侧摆开（图 2–7–1），继续以身体带动手臂向前上方甩出，两手背相对，手心向外（图 2–7–2），右臂弯曲，以右手搭于左臂上（图 2–7–3），然后左臂外旋，变为手心向上（图 2–7–4），双手合力一处向下砸，以左手手背砸到前腿上，同时左腿略微后吸，以脚尖着地（图 2–7–5），正面图（图 2–7–6~图 2–7–10）。然后以右手右腿在前重复上面动作。

图 2–7–1

图 2–7–2

图 2–7–3

图 2–7–4

图 2–7–5

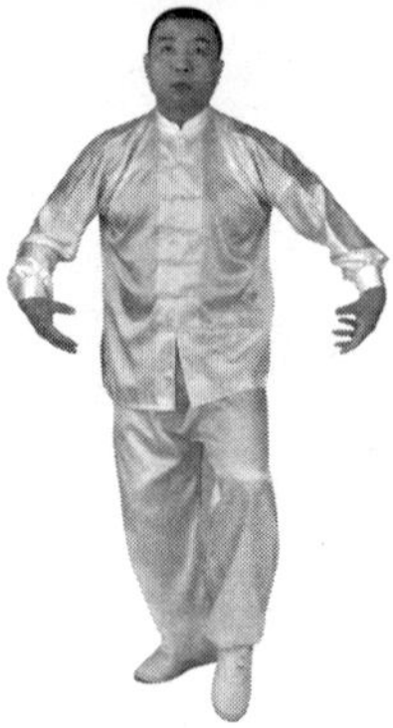

图 2–7–6

图 2–7–7

图 2–7–8

图 2–7–9

图 2–7–10

瓶花落砚的锻炼目的

这个动作的表面是上臂在画圈，其实力的源头在脊背，像鞭子一样，手臂只是鞭子的辫，脊背才是鞭杆，练熟了以后包括腿就成了鞭子杆，连上身都是放松以后被甩起来的。这种甩出来的动作和前面说的摆动有什么区别呢？甩动的动作更急脆，一条毛巾掉到地上沾了土怎么办，我们会把毛巾甩一下，这么一抖，尘土就被抖下来了，而单纯靠舒缓的摆动是摆不下来的，因为摆动没有急弯，甩毛巾则是把毛巾甩出一个急弯。也像洗衣服一样，洗衣机洗的永远没有手洗的干净，洗衣机涡轮转动时，衣服只能在里面达到摆动的效果，手动搓洗就不一样了，它是靠揉搓在布料上形成急弯，污渍更容易下来。当然我们的身体不可能像毛巾或衣服那样甩出急弯来，毕竟里面有骨头，但可以甩出鞭子的含义来，这样也就可以甩开身体中的郁滞。

现在公园里有很多人在练甩鞭子，把鞭子甩得啪啪响，老远就能听到，这也是在练鞭劲，有很好的健身效果，因为想把鞭子甩响，自己的身体必须形成鞭劲，如果自己的身体或手臂是直棍一根，鞭子是不会甩响的，所以甩鞭子和我们这里的目的是一样的，只是我们没有借助实物。

这样我们就把整劲的三种形式介绍完了，整劲其实是分两大类，第一类是整体焊成一块的形式，像一块大石头砸向对方，它的特点是石头上所以点的速度和方向一致；第二类是以波动的形式传导的力，这一类中又分为两种形式，一是像鱼一样的摆动，这是一种缓和的波动，二是像鞭子一样的甩动，这是比较急脆的波动。无论是哪种形式的整劲，都需要身体各个部位的协调配合才能完成，手脚各自为政是不行的，将来如果练习发力，更要求各个部位在瞬间同时到位，否则发出的力就没有共振。

8. 黄牛转角

黄牛转角的练法

黄牛转角锻炼的主要是颈椎，先从正面桩向左前方迈出一步，以左前右后的丁八步站好（图 2–8–1），身体向右后拧转，并且下俯，用眼睛看到右脚跟后面（图2–8–

2)，往后看的转头动作可以刺激颈部大椎穴以及背部的俞穴，然后保持上肢间架基本不变，用脊背带动头和上肢向左前方划动，身体和头部尽量左拧，最后眼睛看向左后上方。这样其实脖子是从左后下方逐渐地转到了右前上方，活动范围是非常大的（图 2-8-3~图 2-8-5)。然后上右步，以右前左后的姿势重复动作。当然做这个动作不仅仅是为了活动头部，它是头部引导的动作，以头部带领整个脊柱运动，因此还能增强颈部和背部的肌肉力量，使脊柱得到更有效的固定。

图 2-8-1

图 2-8-2

图 2-8-3

图 2–8–4

图 2–8–5

黄牛转角的锻炼目的

为什么叫黄牛转角呢？做这个动作的时候要设想自己头上长出两只牛角，然后把这对牛角从下往上斜着豁出去，在实际应用中当然是以手来接触对方，但单纯的手是没有力量的，所以一定要用头来领劲，这样才能形成整体的力量。在假设用角使劲以后，颈项部的肌肉就会不自觉地得到锻炼，时间长了这些肌肉就灵活有力，而不是处于僵滞状态。目前的一些颈椎保健操多为颈项部的直线运动，如左歪头、右歪头、前俯、后仰等等，再加上转头，但还缺乏像黄牛转角这样的立体拧转，整个运动既有左右的拧劲，又有向上的顶劲，像拧螺丝一样，因此有普通锻炼达不到的效果。

我们经常把脖子的不适叫做颈椎病，其实未必都是颈椎的问题，颈椎指的是脊椎骨，老年人会出现骨质增生、生理曲度变直等等问题，年轻人则往往没有这些骨质的问题，但他们脖子也难受，一些老年人颈椎病的常见表现，他们同样会有，这是因为颈椎周围的肌肉肌腱出现问题，没有了正常的柔韧性，变得板滞僵硬，进一步压迫血管神经就出现了头晕、手麻、脖子僵痛等症状。

还有一些年轻人出现心脏的不适，如心前区作痛、胸闷不适感、心悸、气促等。年轻人的心肌供血一般是没有问题的，为什么出现了这些老年人冠心病的症状呢？是交感神经受到压迫导致的，交感神经自颈椎和胸椎发出后分布到心脏病影响心脏的活动。当颈椎出现病变，或者颈椎旁边的肌肉肌腱硬化时，能够压迫到交感神经，交感神经可以支配心脏，它的异常冲动就会刺激心脏而表现出了类似冠心病、心绞痛，心动过速、心动过缓等心脏病症状，这种情况叫做颈源性心脏病。二者怎么区别呢？颈源性的心脏病与劳力负荷变大、情绪激动无关，而颈椎负担增大却经常引起或加重症状，如高枕卧位，长时期维持过分仰头、低头的体姿，长时期头颈转向单侧，脊背受寒、潮湿、扭伤、劳累等。

颈源性心脏病需要保护颈椎。如适合高度的枕头，避免颈椎过度劳累，注意颈部保暖，预防颈、背受寒，然后配合锻炼，如我们介绍的黄牛转角就有一定的效果，严重的可进行理疗、热敷、推拿按摩，可缓解或减轻颈源性心脏病的种种症状。值得注意的是，在诊断颈源性心脏病之前，要首先通过心电图、冠状动脉造影等检查方法排除冠心病。黄牛转角当然不仅仅是锻炼了颈椎，它的劲是从下到上挑起来的，整条脊柱从下到上都能活动到，所以对腰椎的疾病也能预防。

9. 金针入地

金针入地的练习方法

从正面桩开始，左脚向左前方伸出，以左前右后的丁八步站好（图 2–9–1），身体左转，同时右臂向右侧配合展开（图 2–9–2），身体继续左转，重心移向左腿，右手上抬至头右侧，指尖向下，准备向下扎（图 2–9–3），右膝落在左脚跟后，右手在右膝前，接近地面，手心向右，右肘部不要伸直，保持向外的撑力不能丢，左手伸至头右侧，距离头部一拳左右，手心同样向右，整个后背绷起撑开，护住前面的胸腹（图 2–9–4），这时整个身体似乎是缩成一团，整个后背是绷紧的，前胸是缩的，可以说人像河蚌一样合起来。身体逐渐起来，右脚离地（图 2–9–5），身体右转，右腿向外摆，右手抬过头顶，左手落至身侧（图 2–9–6），身体继续右转，右脚落地，右手下落，左手上抬（图 2–9–7、图 2–9–8），左膝跪在右脚跟后，右手伸向头左侧，掌心向外，有护头的意思，左手伸到上面以后向下插，手心向左，肘部有外顶的意思（图 2–9–9、图 2–9–10），然后重复上面动作。

金针入地的锻炼目的

金针入地练的就是身体的张缩，把身体缩到最小，再放大。这样就能把身体之气压缩再放开，像水母一样的运动，反复地练习就能活动气机。前面的动作以肢体关节为主，如肩胯四肢、身体侧面等，金针入地及后面的白鹤亮翅则是锻炼躯体的开合，这种运动更具有整体性。

图 2–9–1

图 2–9–2

图 2–9–3

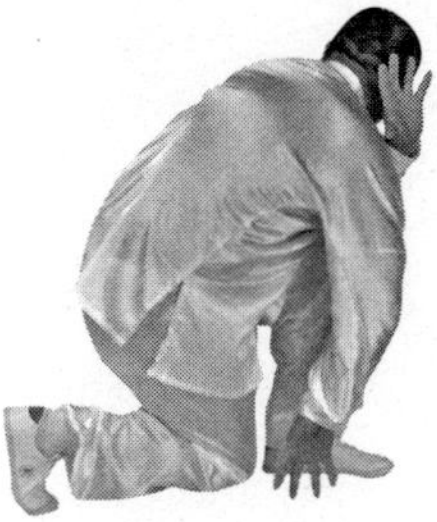

图 2–9–4

图 2–9–5

图 2–9–6

图 2–9–7

图 2–9–8

图 2-9-9

图 2-9-10

10. 白鹤亮翅

白鹤亮翅的锻炼目的

武术中模仿仙鹤的动作比较多，太极拳中也有白鹤亮翅，我们这里介绍的与太极拳有所不同。做白鹤亮翅时下肢的动作和前面讲的滑车试力差不多，也是要求后腿抬起，从前腿的膝弯处伸出去，同样是为了活动胯和腿。上肢的动作就不一样了，要求双臂张开，像仙鹤张开翅膀一样，目的是什么呢？为了开胸廓，我们可以设想前胸有两扇门，门缝在胸骨这个部位，现在随着双臂的打开，把这扇门也打开，然后随着双臂的前合，把这扇门又合上。但前面虽然合了，后背又撑起来，感觉后面打开了。重复地做这个动作，就逐渐把胸廓活动开了。

心肺这两个脏器都位于胸部，而这两个脏器又都需要开阔，我们知道心在五行属火，火是气最开阔的状态，能量也是最盛。肺在五行属金，金开始有些收敛了，但它仍然处在开的状态，可以说是先开，然后再收敛。这样的两个脏器，要想充分地发挥它们的生理功能，当然需要一个宽敞的空间。

我们的躯体分为胸和腹两部分，胸部属天，腹部属地。天气要清，地气要浊。所以胸部的密度不能太大，如果拥挤不堪就不清了，肺气怕实，一实了就失去空灵；腹部的密度要大，才能像大地一样浑厚，当然地气要浊不是指肚子大，而是指肝肾之精气要浓厚饱满。

胸和腹只有保持自己各自的状态，才能正常进行交流，这个交流就是内经中的云升雨降理论，肺布洒津液向下，肝肾提供精气向上，就是说胸和腹的气是上下交流的。如果说肋骨张不开，胸骨提不起来，整个胸廓就是塌陷的，心肺想开都开不了，这个云升雨降就不能形成，整个五脏的循环就迟缓而不顺利。

前面的锻炼练的主要是四肢和各个关节，以外周为主，现在我们就锻炼了躯干，通过胸廓来影响到内脏，也就是以胸廓的开合来拉动肺的张缩，使肺的张缩幅度更大，肺在五脏中起到橐龠的作用，橐龠就是风箱。这个风箱煽起来，五脏的气血才能运行得顺畅。广播体操里有一个扩胸运动，设计得非常好，就是认识到了胸廓要开的重要性。扩胸运动是快速地伸拉，没有用意念精神，我们这里要舒缓地开合，把精神渗透在动作里，这样能起到更好的效果，像和面一样，面要是很柔和慢慢地拉伸，可以拉得很长，如果着急使劲拽，拉不了多长就断了。

白鹤亮翅的练习方法

先从正面桩开始，提起右腿，左腿微曲，并且双臂内合(图 2–10–1、图 2–10–2)，这是欲开先合，整个身体先微缩一下。然后身体上抬，右腿前伸，双臂带领胸廓张开，有仙鹤展翅欲飞之意（图 2–10–3、图 2–10–4)，这时身体整个打开舒展。升到最高处以后就要缓慢降落，右脚落在身体前方，脚趾朝向右前（图 2–10–5)，身体继续下落，直至左膝落地，双臂内合，直至在胸前交叉（图 2–10–6、图 2–10–7)，这时身体缩到最小。接下来身体仍然上升打开，左腿前伸（图 2–10–8、图 2–10–9)，完全打开以后再下落（图 2–10–10)，左脚落地后，身体下蹲，右膝跪在左膝后，双臂在胸前交叉（2–10–11)，反复重复上述动作。

2–10–1

2–10–2

图 2-10-3

图 2-10-4

图 2-10-5

图 2-10-6

图 2–10–7

图 2–10–8

图 2–10–9

图 2–10–10

图 2-10-11

开合升降熟练以后我们可以体会更深一层的意境，把自己的双臂设想成仙鹤的翅膀，展开翅膀以后，就能在空气中飞翔了，以前我们做波浪试力等动作时，是体会在水中的感觉，这里也类似，是体会在空气中游泳，或者说在空气中飞翔，形式差不多，都是和周围环境相合，感觉到有阻力、有浮力。而这种在空气中飞翔的假想，感觉气势更恢宏、更灵动，简直就像《庄子》中说的："鹏之背，不知其几千里也；怒而飞，其翼若垂天之云……鹏之徙於南冥也，水击三千里，抟扶摇而上者九万里"，也可以感觉自己空空荡荡，逐渐地和空气融为一体，忘记自己身体存在，只有精神在遨游天空。

所以这种训练已经不单纯是锻炼形体了，它还包括一部分心理的训练，《荀子》说过"形具而神生"。外形练得熟练以后，就自然会产生精神的运用。传统体育从来都注重形神兼备，甚至把精神看的比形体还重要，"但求神意足，不求形骸似"。随着社会的发展和竞争的日益激烈，人际关系随之复杂，人类进入了情绪负重时代，身心疾病不断地发生，大量医学研究和临床实践证明，在疾病的发生、发展、治疗、恢复和预防中，生理、心理、社会因素都在起作用，生物—心理—社会医疗模式成为了最新的医学模式，人的健康应该是身心全方面的健康。

我们的这种锻炼能够改善心境，假想自己有一种很超脱、高大的形象，藐视一切敌人或困难，天地之间唯我独尊，可以说是一种自我放大的“自欺欺人”，但这种自我欺骗是一种正面刺激，能很好地培养自信心和无畏的精神，坚持长期锻炼能减轻紧张、困惑、焦虑、抑郁等不良情绪，同时使精力保持在高水平，也可以提高人的健康幸福感。因此我们主张锻炼身体一定要有乐趣，不能是天天咬着牙自我虐待，每天规定自己跳绳必须多少，跑步几里路等等。这种刻板的锻炼虽然在心理上也有成就感，但缺少了精神的愉悦，因为是咬牙硬挺下来的，有点被动。

白鹤亮翅有两种练法，一种是双臂的左右开合，还有一种是做双臂的上下对冲运动。如右手手指向上时，左手手指就向下（图 2–10–12），两手在胸前交错过去，然后上下分开，最后右手举过头顶，左手落到身体旁边（图 2–10–13、图 2–10–14），太极拳中的白鹤亮翅，定式就是一手在上，一手在下，和这个动作有点相似，只是这里更开展一些。把双手左右开改为上下开有什么意义呢？八段锦中有个式子叫调理脾胃须单举，也是双上肢的上撑下按，通过上肢的上下对拉，可以牵引腹部，对中焦脾胃起到按摩作用。我们都知道脾胃的作用是升清降浊，它们位于身体的中央，像一个车轴一样，必须转动才能完成任务，如果中焦不转了，那会感觉胃脘部痞满，吃完饭堵得慌。用药治疗时也是调节升降，现在我们通过外形的引导来促进体内气机的运行，使中焦的堵塞上下通开，起到促进消化的作用。所以双臂左右开是锻炼肺的开合，上下对开是协助脾胃的升降，都是通过外形来锻炼内脏。

图 2-10-12

图 2-10-13

图 2-10-14

11. 丹成九转

丹成九转的练习方法

先从正面桩开始（图 2–11–1），身体右转，重心移到右腿，同时右臂上抬，左臂下落，将胸前合抱之球转动（图2–11–2），左脚移到右脚旁边，右手顺着球面下滑，左手顺着球面上滑（图 2–11–3），左脚迈向左前方，双臂继续抱着球体旋转（图 2–11–4），这个动作并没有固定的形式，要领就是在空间的各个方向旋转一个球体（图 2–11–5~图 2–11–7），因此叫做丹成九转，需要注意的是面前始终

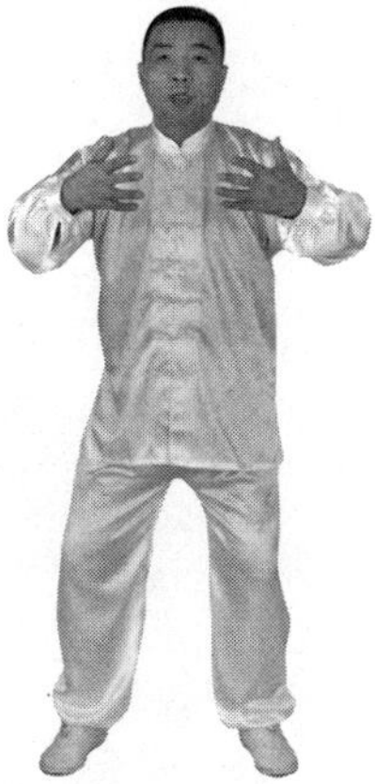

图 2–11–1

图 2–11–2

要抱着一个球，即两手心大致是相对的，不能做成太极拳的云手。我们先练习球在三个互相垂直的方向上旋转，也就是冠状面、矢状面、横截面，然后在斜着的方向进行旋转，就像有好几条绳子捆住一个球，我们顺着绳子来旋转，当然方向越丰富越好。

图 2-11-3

图 2-11-4

图 2-11-5

图 2-11-6

图 2-11-7

丹成九转的锻炼目的

丹成九转通过外形的转动可以引导体内气机的转动，前面的金针入地及白鹤亮翅锻炼了气机的开合与伸缩，现在进一步使气机旋转，更可以疏通体内的郁滞阻碍，练习的时候灵活多变，但又不是毫无规矩，总体不离球体的旋转。练习时间长了外形的球体旋转和腹部的球体旋转合二为一，看似外动，其实也是内动，这样丹田的翻腾旋转可以带动周身的气血运行。介绍到这里，就可以发现我们的动作又回到了狮子抖铃的原点，狮子抖铃时也是以腰腹部为动力源泉的，不过是属于高频的震荡，丹成九转的腰腹旋转是低频舒缓的运动，二者可以有相辅相成的健身效果。也可以看出传统健身都注意锻炼身体的中部，中部是腰腹部部位，中间一动就辐射到周身都动，这还是体现了中国的运动注重整体，我们一开始时就曾指出，中国传统健身有两大特点，一是重整体，二是重精神。真正掌握了这两大特点，完全能够不拘泥于形式地进行锻炼，随便一动都能合乎规矩，但一开始练习不能随心所欲，还是要有一个形式约束，按照我们介绍的动作逐步摸索。

12. 发力训练

前面把舒缓的动作介绍完了，下面简单说一下发力的训练方法。发力可以根据自己的状况决定是否练习，岁数不大，体质较好的可以练，50 岁以上的朋友少练，60 岁以上的就不要练了。因为发力过多对身体是一种消耗，体质差的人禁受不住。既然这样，我们为什么还要介绍呢？适度地练习可以增强人的力量和速度，这都是身体素质的重要组成部分。更重要的是增强对肌肉的控制能力，我们平时单指挥一个肌群时比较随心所欲，比如想拿起一本书，很轻松的就完成了，想用脚踩一个东西，也是不费力。但如果要求把四肢合起来同时做动作，可能就感觉肢体没那么听话了。先不要说太难的，就是学开车，刚开始接触汽车时，很多人就是手脚不分家，或者左右脚不分家，总是一个肢体影响到另一个肢体，这就是大脑对肢体的控制能力不强，学敲鼓的人，也要练习手脚分家，脚动一下，手可能要动几下，没练过的人肯定手脚同时动。

我们前面介绍的各种运动，已经可以增强对肢体的控制能力了，但做得缓慢，是属于没有时间限制的练习。发力则不同，必须要在极短的时间内，让身体的四肢、头项齐动，并且不是各自为政的动，各个肢体要协调配合，最后组合成一个劲，这个劲才能干脆，所以说不好练。

发力没有固定的形式或专门的动作。上述动作做得快了都可以作为发力，甚至不摆出这些动作也能随时发力。只是需要注意重心下坐，靠重心向下砸的力量引发周身同时使劲，前脚向下踩，膝盖向前指，前胯的筋有绷劲，这时就体现出了掖胯的重要性，如果没有掖胯，前胯是蓄不上能量的。后腿向下坐，以后脚蹬地。反复地做，逐渐地使劲合起来，越发越脆。

练习发力不要贪多，每天有几十下就可以了，如果把站桩比作充电的话，发力就是放电，所以我们要以充电为主，放电适可而止。并且发力不要上来就做，要在别的项目都练完，充分热身以后再练习。

13. 小结

现在我们把练习的动作都介绍完了，朋友们不一定全部锻炼，站和抖是必须要练的，其余的根据需要选择一下就行，前面我们说过，每个式子其实都是锻炼全身的。不论做哪个动作，都需要认真，要有精神的灌注，不能以应付的态度来练，常见有些人也天天练功，但是一边聊天一边练，这样肯定达不到应有的效果了。如果某一天时间短，可以少练几分钟，也不能随便地划拉，形成习惯以后很难纠正。因为我们锻炼的目的需要在大脑形成反射，长期这样随便地比划就形成了错误的运动定型，每个运动定型都有一定的巩固性，影响将来的进步。当然错误的运动定型也不是完全不能改变，只是需要长时间的训练以使新的反射替代旧的反射才行。

还要注意掌握运动量适度，宁可运动量不足，也不要太过。我们锻炼的时候是有精神支配的，精神提起来以后往往不感觉到累，兴致很高，这样不知不觉地就会导致运动量过大。刚练完的时候没什么感觉，第二天会出现周身酸懒，提不起精神，再做动作也做不好了。这有几个原因，第一个是中枢神经的失调，总是那么兴奋，使大脑皮质的兴奋抑制平衡遭到破坏，进一步会破坏原来建立的运动定型；第二个原因就是过度的训练会导致体内能源物质的大量消耗，造成能源枯竭；还有一个原因是运动中生成的大量代谢产物没有被运走。所以每天的锻炼不要等精疲力尽再结束，一定要留有余兴，感觉精力还很旺盛时，戛然而止。

运动量的控制还有一个循序渐进的原则，所以我们一直也没有说应该锻炼多长时间。刚开始站桩时，能坚持 10 分钟就可以了，可能三五分钟的时候就觉得肩部酸得不行，这个阶段确实比较枯燥乏味，很多人就是在这个阶段掉队而放弃了，如果有毅力的话最好坚持一下，过一段时间以后站10 分钟就很轻松了，逐渐加长时间，如果时间允许，每次可以站 40 分钟以上。站桩时间太短，一是不容易有所体会，因为进入状态就需要一定的时间；二是身体中有利的生化反应还没有开始，我们说过，开始运动时是以糖类供能的，要半小时以后才开始氧化脂类物质，而用脂类供能，减少体内脂肪是我们所希望的，既能控制体型，又能预防疾病。

有人问站桩能减肥吗？站桩能减肥，但是坚持站桩的就一定没胖子了吗？也绝不是那样。人肥胖的原因除了后天的生活习惯以外，还有很大的先天因素。有的人肥胖确实是天生的，受遗传基因所控制，锻炼也达不到正常的体型，所以不能因为有些人锻炼以后仍然胖，就说锻炼没有用，可能这个人不锻炼会更胖呢。坚持适度的锻炼肯定对身体有好处，这在理论上和实际体验上都说得过去。

每天的锻炼要注意做好准备活动和整理活动，广播体操里面就有整理活动，设计得非常科学。为什么需要准备活动呢？在进行运动的开始阶段，人体各个器官的工作能力不会一下子达到最佳状态，而是在运动开始后一段时间内逐步提高的，比如呼吸和循环系统需要在运动开始后 2~3 分钟才能达最高水平，而骨骼肌在 20~30 秒就可以发挥最大工作效率。这是因为内脏器官的生理惰性比运动器官要大，支配内脏的植物神经不但传导速度慢，传导途中的中转也多，所以内脏器官进入工作状态要慢。肌肉虽然动员比较快，但它需要依赖内脏的协调配合才能获得能源物质、氧并运走代谢产物，不能孤军奋战，所以每次运动前，最好先进行几分钟的准备活动。

其实不光是内脏需要预适应，肌肉、关节、韧带等从静止状态到运动状态都要有一个过程，这时的运动强度较小，要确保身体主要肌肉、关节、韧带都有所活动。千万不要自持己见，一开始就要强力训练，这样会导致机体疲乏无力，肌肉疼痛，甚至出现一些不必要的身体损害。当然如果只练站桩就不用再做准备活动了，站桩本身就是慢热身的。这里是指的试力等各种户外运动，试力正式训练时是要有精神假借，肌肉和韧带有一定的负荷，所以需要适当准备，先轻松自然地活动就行，接下来进入全神贯注的训练，最后可以适当做几下发力训练。

结束的时候还有一个项目也特别重要，就是整理活动了，整理活动是指正式练习以后做的动作，这些动作仍然是较为轻松的练习，它能够加速机体功能恢复。通过整理活动，可以减少肌肉的延迟性酸痛，延迟性酸痛大家都经历过，就是刚运动完以后不觉得肌肉酸痛，第二天可能疼得走不了路，蹲不下了。不爱运动的人登山以后最容易出现这种情况，这是因为运动以后马上停止，肌肉生成的乳酸没有被血液运走，如果注意了整理运动，可以使肌肉血流量增加，加速乳酸的运输和利用。整理活动的目的就是“冷却”，让身体的各个系统兴奋性逐渐降低，并适应运动结束后的血液动力改变。

其实准备活动和整理活动不一定有特定的动作，就把锻炼时的试力换一种运动方式就行了。比如波浪试力，开始的时候先轻柔地做几遍，然后开始正式认真地练习，最后要结束的时候，再次放松地做几遍，所以说每天的锻炼必须有这三项才科学合理。

第三部分　不同人群健身的注意事项

1. 冠心病人群的锻炼

锻炼对冠心病患者的作用

冠心病是心肌供血不足的一种疾病，在中老年人群中发病率非常高。给心脏供血的血管叫做冠状动脉，年轻时这条血管是通畅而富有弹性的。由于身体的老化，这根血管的管腔里沉积一些脂类物质以后，就会造成管腔的狭窄，这种病理变化叫做冠状动脉粥样硬化。硬化后的血管会使血流通过得不顺畅，从而导致心肌缺血，出现心绞痛的症状。再严重的情况就是这些脂类物质下面的动脉壁形成溃疡或破裂，这样就会出血而形成血栓，使整个血管的血流完全中断，而发生心肌梗塞。

应该指出动脉的粥样硬化是一种可逆的变化，积极主动的锻炼身体对于预防冠心病有着重要的作用，它能够控制冠心病的危险因素，降低发病率。运动能重塑现存的血管，增加冠状动脉直径，并且能够增加侧枝循环，从而使冠状动脉的血流量增加。侧枝循环就是在原有血管不通畅的基础上，机体会开辟一些新的通路，这些新的通路可以辅助供血，当然这些新的通路不是无中生有，是原来就存在的，只是一直处于闭合状态，现在由于需要才打开的。运动能降低安静时的心率、血压，使心脏做功减少，并且能减低循环血液中儿茶酚胺的水平，这都能减少心脏的耗氧量。

运动还能增加心肌的电稳定性，如果心肌的电稳定性不好，很容易发生心律失常，因为心律失常是心肌的电活动紊乱，健康的心肌供血状况应该是均衡的，这样它们行动起来才能一致，不会有心律失常的状况出现。现在有些地方供血不好了，就出现了贫富不均的现象，使心肌细胞膜上的电位也不一致，有了电位的差异就容易形成电流，电流的紊乱就可能导致心律失常。坚持锻炼能减轻心肌的局部缺血，使原来贫富不均的状况改善，这样便有可能避免心律失常。

冠心病患者锻炼的注意事项

冠心病患者的锻炼需要注意循序渐进，持之以恒，为了安全起见，在运动初期先做间歇性低强度的运动，比如站桩姿势不要过低，双膝微曲就行了，站几分钟后就休息几分钟，然后反复，感到疲劳马上停止，2~3 月后身体有了适应，再逐渐加大运动量。每天应该在感觉良好的情况下开始锻炼，不要强迫一天不落，对于患者来说，自己的感觉很重要，比如运动量的掌握，就要以第二天晨起没有疲劳感为度。如果设立一个客观指标的话，心率到达 170－年龄就可以了，比如 60 岁的人，心率到 110 次/分时，就不要再加大运动强度了，运动总时间要小于 1 小时。

我们一定要记住，老年人或高危疾病的患者，宜从事低强度、短时、多次的活动，这就需要注意运动的频度，我们要求运动量不要太大，运动的频度却不能太低，虽然说不要强迫每天坚持，但也要保证每周的运动不少于 3 次。其实每周运动的次数取决于运动量的大小，如果运动量大，运动使机体产生的变化就会持续较长时间，可达 24~48 小时，每周 3 次即可达到理想效果。如果运动量小，就应增加每周运动次数，最好每天都要活动，才能产生最佳训练效应。我们属于低强度训练，所以运动次数需要保证，不要三天打鱼两天晒网，可以说每周小于 2 次的训练不能提高机体的耐力，这里所说的耐力是指有氧运动耐力，比如同样的运动，有的人出现肌肉酸痛，有的人没有，没有酸痛的人就是有氧耐力比较好，因为他运动中的能量是一直靠有氧运动来供给的，没有无氧酵解发生。而那个有酸痛的人通过经常锻炼，过了一段时间以后，再做同样的运动也不酸痛了，就是有氧耐力的提高。人吸入的氧气量其实差别不大，有氧耐力好的人对氧的利用率比较高，也就是进入血液的氧都被肌肉吸收利用了，这是对肌肉长期合理训练的结果。

一般来说这种摄氧能力会随着年龄的增大而逐渐降低，如果坚持有氧运动，则会延缓摄氧量的下降速度。有氧耐力的提高一般需要在 2 个月后出现，坚持 8 个月能达到最佳效果。如果中断锻炼，1~2 周就开始退化。因此要保持机体良好的有氧做功能力，需要坚持不懈地锻炼。需要注意中断锻炼 1 周以上，再重新开始锻炼时，应当适宜减低运动强度，因为这时的有氧耐力已经有所减低了。

总的来说，冠心病患者的锻炼属于有氧耐力训练，这种训练可以提高机体的心肺功能，调节代谢，减少心血管病的危险因素和发作，它的形式是身体的大肌群参与，强度较低，持续时间较长，以规律的运动为主（球类运动就不是规律运动），站桩等练习是完全符合这几项要求的。那么有氧耐力运动有什么好处呢？它可以使人们在日常生活中精力更充沛，老年人的生活自理能力增强，促使心脏病患者恢复工作能力。长期的有氧运动还可以调节情感，减少心理应激，促进体内激素的平衡，改善睡眠，这都有利于人们满怀热情，享受生活乐趣。

每次的准备活动和整理活动应适当充分一些，还要注意最好不要上午运动，因为冠心病患者和普通人群不一样，他们的心脏受到儿茶酚胺刺激以后会产生兴奋，出现心跳增快、血压增高等不良反应。而儿茶酚胺的分泌高峰就在凌晨和上午，因此我们最好避开这个高峰，选择下午锻炼。以前对心功能不全的患者主张绝对卧床休息，近年研究表明，除急性期外，一般状况下进行适当的运动可以使患者的体能及症状改善。

目前高血压、高血脂、肥胖、糖尿病被人们称为“死亡四重奏”，也叫代谢综合征，严重影响人类健康，种种研究表明，适当的运动可增加脂肪消耗，减少体内胆固醇的堆积，提高胰岛素敏感性，控制体重，改善血压，减少血栓形成的可能性，这种种作用都是对冠心病患者的康复有利的。

只是需要注意不能完全指望运动，还应该是药物、饮食、心理等多因素的综合治疗。

2. 高血压人群的锻炼

高血压患者需要锻炼

高血压是以动脉血压持续升高为主要表现的慢性病，长时间的血压增高可引起心、脑、肾等重要器官的损害而出现并发症。适当运动对高血压有预防和治疗作用。经常运动的个体血压要低于安静不活动的个体。而且，运动与血压成负相关，运动越多的个体血压越低，无论男女都是这样。研究证实，每周运动时间小于 5 小时的人，发生高血压的可能性比运动超过 5 小时的人要高 32%。

高血压的治疗包括药物治疗和非药物治疗两种，其中运动治疗就是非药物治疗的重要手段，对于初发高血压的患者，运动疗法的效果是非常显著的。运动降压的机制是什么呢？首先运动可以作用于大脑中的血管运动中枢，简单地说大脑中的这个部位是负责血管的紧张度的，运动能调节其功能状态，使血管舒张，进而促使血压下降。其次，运动可以调节植物神经的功能，降低交感神经的兴奋性（不是运动过程中，是指运动结束以后），提高迷走神经的兴奋性，这可以使血管扩张，心脏的兴奋性降低，从而血压也下降。再次，运动中肌肉的节律收缩与舒张，可以对血管起按摩作用，这有利于缓解小动脉的痉挛，使外周血管扩张，降低外周阻力而降低血压。最后，运动可以改善情绪，情绪的稳定能够减少血压波动。可以说血压升高并不是只有发怒时会出现，紧张、焦虑都会造成血压增高，这都是心理素质不好的表现，前面讲白鹤亮翅的时候提到，传统体育形神兼备，有很好的调节精神作用。

研究证明，运动对临界性高血压、轻度和中度高血压的效果较好。女性通过运动使血压下降的程度比男性明显，中年人下降的幅度比青年人和老年人大。75%的人通过运动训练可使血压下降，其中收缩压和舒张压分别平均下降约 11 毫米汞柱（mmHg）和 8 毫米汞柱。运动虽然不能对所有的高血压患者有效，但即使血压不下降，适宜的运动也能减低患者的冠心病危险性。

运动过程当中由于心脏排血量增大，很明显会升高血压，无论是收缩压还是舒张压都会升高。但进行长时间全身有氧运动时骨骼肌的毛细血管会大量开放，可使外周阻力降低。这时表现为收缩压升高，而舒张压变化不大或有所下降。其真正降压效果需要运动结束以后才能体现出来，大量的临床实践证明，有氧运动训练有明显的降压作用，只要坚持运动，血压就会下降并得以维持。但一旦停止运动，血压又会回到运动前的水平。

并不是所有的运动都能降压，有氧运动才是比较有效的降压方式。在降压效果上，下肢运动比上肢运动更有效，上下肢均参与运动或交替进行运动训练的效果比单纯上肢或下肢运动更好。运动时间要大于半小时。我们的锻炼方法是符合这些要求的，每一个动作都是周身同时运动，而且下肢要适当地弯曲，比上肢的运动量要大一些。

高血压患者如何锻炼

对于高血压患者来说，白天运动比早晚好，因为早上是儿茶酚胺分泌的高峰，晚上运动不利于气血的收藏。特别是冬季由于气温低，血压更容易升高，建议在太阳出来以后再运动。

以一定强度持续运动一定时间，身体所产生的降压效果可以持续24~48小时。因此，要取得运动效果并得以维持和积累，运动频度应为每周3次以上，降压效果才能明显。坚持运动1~2周之后，血压就会降低，若运动4~6周效果会更加明显。运动训练的降压效果每个人都会不同，有的人1~2周内就可以通过锻炼降压；而有的人可能要持续锻炼2~3个月才能显效。通常训练1~10周就可以使大多数人，特别是久坐的人收缩压与舒张压均有下降，11~20周或更久会使收缩压产生更多的下降，但舒张压不会随时间延长而出现更多的下降。需要注意的是，通过运动训练降压，一旦停止锻炼，训练效果会在2周内彻底消失。所以，高血压病运动疗法，非一朝一夕所能奏效，贵在长期坚持。

运动强度应以中小强度为宜。可以用自己的心率来控制运动的强度，即前面说的心率不能超过“170－年龄”，还应该注意自身的感觉，运动后以不发生头晕、心慌气短，不是非常疲劳为度。如果运动结束后一个小时心跳频率还是高于平时，那就是运动强度过大。运动后晚上难以入睡，或第二天过于疲乏醒不来，也提示运动强度可能过大了。

剧烈的运动方式，并不能增加降压的效果，有时甚至会适得其反，可能是因为剧烈运动会刺激交感神经，我们记住交感神经的兴奋是可以升高血压的。剧烈运动还有可能激活肾素—血管紧张素—醛固酮系统，这个系统一激活会导致血管收缩、钠水储留，进而引起血压增高，我们吃的降压药里有两类就是抑制这个系统的。所以想要通过运动降压，就要选择全身性有氧运动，我们介绍的这些方法中除了发力，都是符合要求的。

剧烈运动不推荐，那么抗阻运动可以吗？抗阻运动过去一直被视为高血压禁用的运动方法。认为抗阻训练能增加外周阻力，能够引起血压增高、心脏负荷增大等。但近年来的研究显示，小强度、多次重复的力量耐力训练，对轻度高血压是安全的。小强度力量练习并不会引发心肌缺血现象，这是因为采用这种力量练习时心率不是特别快，而舒张压有所升高，其结果就是可以提高冠状动脉的充盈度。这就是说轻度高血压并不禁忌小强度的力量练习，但在进行力量锻炼时，仍需注意呼吸顺畅，不能憋气，并检测心率。

运动疗法适应于高血压 1 级、2 级的患者和病情稳定的 3 级高血压患者，或高血压合并有糖尿病、肥胖、高脂血症等也适合。如果是未得到控制的重度高血压病，高血压危象或急进性高血压患者，需在血压基本控制后，才可考虑进行锻炼，在运动治疗时仍应坚持药物治疗，在早晚高血压峰值时强调服药后再运动。如果是伴有心力衰竭、心绞痛等疾病的，则建议只适当站桩就行了，不要进行其他锻炼。

对付高血压，目前最有效的方法是药物，其他的疗法只能是助手，运动疗法也是如此。经过一段时间合理运动，可在医生指导下根据近期的血压变化，调整原有的用药剂量，切忌擅自盲目停药。

3. 糖尿病人群的锻炼

运动是糖尿病有效的治疗方法

由于生活方式的改变，无论是发达国家还是发展中国家，糖尿病的发病率都在逐年上升。正常人空腹血糖为3.89~6.11 毫摩尔/升（mmol/c），如果空腹血糖虽高于正常，但小于 7.0 毫摩尔/升，还不能确定就是糖尿病，此时应作糖耐量试验。糖耐量就是人体对葡萄糖的耐受能力。医院通常会对疑似糖尿病患者进行糖耐量测试，如果糖耐量试验服糖后 2 小时血糖为 7.8~11.1 毫摩尔/升，表明机体糖耐量能力减低，也就是说身体对糖的吸收和利用比正常人差了，也称为糖耐量低减（IGT）。因此，糖耐量低减是糖尿病的前奏曲。从一个正常人发展到糖尿病必然要经过糖耐量低减这个阶段，为“糖尿病前期”，进入这个阶段就不可掉以轻心了，需要进行饮食和运动的干预。

运动是糖尿病患者及其高危人群的有效治疗方法。已经被确诊为糖尿病的人通过运动是可以改善血糖的，甚至达到完全正常的水平。在新确诊的糖尿病或病程较短时常常可以见到此现象。所以通过饮食和锻炼，有时可以有效控制血糖，暂时不需要服药降糖。但必须长期注意长期坚持，不能只凭一时测定正常就认为自己已经痊愈。无论何时，运动都是降糖的有利方式。

运动对食物的动员和利用有明显的作用，运动中肌肉对葡萄糖的摄取可增加到20倍以上。不但在运动过程中可以降低血糖，运动过后仍有降糖作用，这是因为运动初期需要消耗肌肉与肝脏储备的糖原作为能源，而运动后肌肉和肝脏又吸收血液中的葡萄糖变成糖原储存起来，所以中等量的运动后血糖下降可持续十几个小时。

流行病学研究表明，糖尿病和缺乏体力活动、体质下降、肥胖等因素相关。运动和饮食是糖尿病治疗的基础和保障，长期规律性的锻炼能提高胰岛素的敏感性、改善胰岛素抵抗。对于老年人来说，老化造成的胰岛素敏感性下降在某种程度上与身体活动量减少有关，缺乏锻炼者患糖尿病机率明显增高。而老年人如果从事良好的运动训练，其身体的代谢能力可以维持与正常人一样的状态，且没有太多的并发症发生。

糖尿病的运动治疗可以改善高脂血症、降低甘油三酯和低密度脂蛋白等有害成分，这些成分容易引起冠心病，同时又能使高密度脂蛋白升高，高密度脂蛋白对机体具有保护作用。因此运动可以预防糖尿病患者心脑血管合并症的发生和发展。运动也是很好的活血方法，可以提高抗凝因子的活性，改善血液的高凝状态，减少血栓的形成。运动可以减肥，通过增加能量消耗，降低体重。运动可以改善心肺功能，运动时循环和呼吸功能加强，血流加快，毛细血管扩张，血管张力降低，氧供应量增加，对糖尿病并发症的发生起一定的预防作用。运动可以防治骨质疏松，随着年龄增加，老年人及绝经后妇女常会出现骨质疏松，糖尿病有可能使骨质疏松加重，运动可以延缓骨质疏松的发生和发展。

糖尿病患者如何锻炼

糖尿病患者的运动仍然要以循序渐进为原则，但和高血压、冠心病不同，可以运动量稍大，从中等强度开始。这是因为高血压或冠心病患者，特别是伴有心功能不全的患者，开始时运动量稍大可能会发生危险，糖尿病患者如果没有伴随上述疾病，则没有这个顾虑。运动形式仍然是全身肌肉都参与的、有规律的有氧运动，可见我们推荐的健身方法对这几种常见病都适用。如果没有特别疲劳，最好能做到每天锻炼，因为有资料显示，通过运动获得的胰岛素敏感性改善，不会持续很久，终止锻炼 3 天以后，已经获得的胰岛素敏感性又会消失。

高血压和冠心病的患者需要谨慎进行带阻抗的运动，而糖尿病患者可以在健身计划中加入抗阻力运动，我们介绍的锻炼，又没有使用器械，怎么能有抗阻力的运动呢？其实假借的运用，就已经带有阻抗了。阻抗的实质是让肌肉收缩的力度增大，而精神假借就是已经用精神来调动肌肉了，在假借的真实感中肌肉有微微的收缩，不然很多人通过站桩感觉力气增长很大，那力气从哪来的，没有肌肉的收缩就不可能增长力气，这种收缩是属于等长收缩，即没有移动位置，在原地收缩。而且这种训练肌肉的方法不僵滞，和简单的举哑铃、拉弹簧不同。对肌肉收缩的强度可以通过精神来调节，比如抱球的假借中，抱纸球和抱铁球的意念不同，产生的力量也不同。我们说糖尿病患者可以运动量稍大绝不等于剧烈运动，因剧烈运动使升糖的激素水平升高，可致血糖升高，不适当的运动，不但达不到疗效反而对身体不利。所以运动原则是循序渐进，持之以恒。

对于身体健康的人来说，在运动时间方面没有什么禁忌；而对糖耐量受损的患者来说，血糖本来就不稳定，运动时会消耗能量，进而对血糖产生影响，导致血糖波动较大。如果没及时加餐，运动量又过大，则很容易在运动中发生低血糖甚至昏迷。所以尽可能在饭后 1~2 小时运动。此时患者的血糖水平比较稳定，加之胃中的食物也消化大半，跟餐后立即运动相比，不容易伤害肠胃。需注意的是，患者不要在胰岛素或降糖药作用最强的时候运动，否则有可能导致低血糖。有些人喜欢晨起服药后出去运动，再回家吃早餐，这是不对的。如果是户外锻炼，要随身携带一些糖果、饮料等。每天的运动量也要保持大致一样，不要忽多忽少。

4. 高血脂人群的锻炼

运动是控制高脂血症的有效方法

高脂血症是指血液中胆固醇（TC）、甘油三酯（TG）

过高。现代人饮食结构改变，加上工作生活的压力及一些不良的生活习惯，导致高脂血症的发病率明显上升，血脂健康已经成了“健康焦点”，它关乎国人的心脑健康。高脂血症初期多数没有临床症状，该病对身体的损害是隐匿性、进行性和全身性的。它的直接损害是加速全身动脉粥样硬化，因为全身的重要器官都要依靠动脉供血、供氧，一旦动脉被粥样斑块堵塞，就会导致严重后果。其在全身发病的步骤是这样的：高脂血症→血管硬化→血压增高→心脑供血不足→心脑血管意外（即中风或冠心病）。冠心病、脑中风、高血压、老年痴呆、糖尿病都是由高脂血症引发的。

改善饮食、运动和控制体重是控制高脂血症的基本步骤。我们首先需要知道血脂分为两种，即胆固醇（TC）和甘油三酯（TG）。而胆固醇又包括不同指标，其中最重要的是低密度脂蛋白（LDL）和高密度脂蛋白（HDL），二者之中低密度脂蛋白是对人体有害的，高密度脂蛋白是对人体有利的。低密度脂蛋白能导致胆固醇在血管壁沉积；而高密度脂蛋白则把血管壁上的胆固醇逆向地转移走，具有促进外周组织胆固醇消除的作用，其增高有助于减少患动脉粥样硬化的风险。

有氧运动或耐力练习可提高高密度脂蛋白水平而降低低密度脂蛋白水平，对预防肥胖、冠心病、动脉硬化等生活方式疾病是非常有益的。国外的研究表明，即使是轻微运动也有提高高密度脂蛋白水平的效应，每周运动 1 小时以上者比运动少于 1 小时者的高密度脂蛋白浓度高。3~6 个月的锻炼可以使高密度脂蛋白增加 5%以上，但是一旦停止训练，高密度脂蛋白又会出现下降。相对来说高密度脂蛋白的增加幅度并不大，但是这一变化对身体是非常有利的。高密度脂蛋白每增加 0.4 毫摩尔/升（mmol/L），冠心病危险性会降低 2%~3%。

与增加高密度脂蛋白相比，降低低密度脂蛋白要容易一些，采取健康饮食、适量运动的生活方式就能让低密度脂蛋白出现下降，可以说能起到立竿见影的效果。12 周的中等强度运动可以使低密度脂蛋白下降 17%。

血脂中除了胆固醇，还有一种成分叫做甘油三酯，有些甘油三酯高的人抽血以后，进行静置分层，可以看到血上面漂着一层像奶油一样的东西，这就是甘油三酯。虽然高甘油三酯与心脏病的关系还没有非常明确，但是可以肯定的是，高甘油三酯肯定是对健康有害的。甘油三酯的主要作用是运送脂肪。长时间的有氧耐力运动可以大量消耗脂肪，因此也就可以促进甘油三酯的降低。

运动对脂代谢的种种有益影响主要是通过促进脂类氧化来实现的。在耐力性运动中，脂肪氧化供能起着节省糖和蛋白质的作用，脂肪是身体中高效的能量储存库，而这一能量的利用主要是通过有氧耐力运动。长时间耐力训练有利于提高机体动用脂肪氧化供能的能力，可使运动中脂肪氧化增加。经过耐力训练，老年人和青年人均可提高肌肉呼吸能力，肌肉呼吸能力升高可使骨骼肌糖分分解减少，从而有利于脂肪酸氧化，使脂肪氧化供能超过对糖的利用。所以经常进行耐力运动的中老年人血浆中甘油三酯浓度比较低，只有缺乏运动人群的一半左右。

燃烧脂质需要有氧运动

有氧耐力运动是改善血脂的最佳运动形式。在长时间耐力运动中，人体大量利用脂肪供应能量，使血液中血脂水平下降。同时，长时间运动导致身体的消耗增加，恢复过程中也需要消耗胆固醇。为了比较不同方式运动对降血脂的作用，科研人员分别调查了长期从事有氧耐力项目运动和从事力量训练运动的运动员血脂的情况。结果发现，长期从事有氧耐力运动的运动员血脂更低。

对于能改善血脂的运动强度，虽然是有氧耐力运动，但强度也不能过低，应该是中等强度。比如散步这样的强度有些偏低，所以单纯靠站桩似乎也达不到要求，而练习狮子抖铃时，呼吸、心率都有适当提升，基本可以符合要求，当然后面介绍的试力也可以，并且试力的运动量是可调节的，比如步大步小、速度快慢等都可以调节运动强度。有研究比较过同样运动形式的一次运动与长期运动对血脂影响的差异，结果发现，一次运动对血脂几乎没有什么影响，但是长期运动后血脂得到了改善。国外的研究还发现，长期运动血脂得到改善后，如果停止运动一个月，运动带来的有益改变就会消失。因此，改善或降血脂的运动不是一次两次的运动，而是长时间的运动。较为理想的运动时间是每天运动 30 分钟以上，最好保持每天都练。运动持续 3 个月以上，才会有比较显著的降血脂效果。

5. 女性的锻炼

与男性相比，女性体内的肌肉含量相对偏低，而脂肪的比例则偏高。因此，女性运动能力低于男性，不容易胜任一些高速度、高强度的运动，因为过于激烈的运动对心肺的负担过重。站桩相对来说对速度和力量的要求都比较低，女性也可以轻松掌握。另外，女性的肌力虽然较小，但相对来说肌肉耐力不错，更适合我们介绍的这些有氧耐力训练。

一般女性的胸廓较小，呼吸力量较弱，肺活量水平较男子低 20%左右。可以适当多做白鹤亮翅等动作，有利于打开胸廓，使心肺有更开阔的空间。站桩时也要注意不能过分地含胸，而是应该使胸骨提起，带领肋骨也能张开。时间长了则会呼吸顺畅，心情愉悦。

人体下肢的重量几乎是体重的一半，女性一般偏多一些。另外女性脂肪多集中于下肢，所以女性腿部的肌肉收缩力相对低于男性，最好是有意识地加强下肢力量的训练。无论是站桩还是试力，下肢总有一定的弯曲度，能够有效地增强下肢力量，并且能够协助下肢静脉的回流。

女性骨骼的骨密度要低于男性。女性到达一定的年龄时患骨质疏松症的比例高于男性。因此女性预防此患是非常重要的。实践证明，防止骨疏松病发生最为有效的手段之一是系统的坚持体育运动。有一定负荷的锻炼可有效地防止骨骼的退化。

有人很关心经期能不能锻炼，我们介绍的方法没有剧烈运动，所以只要不是严重的痛经、血量过多，就可以坚持锻炼。但如果是出血量增大，或是出现腹部疼痛，就说明运动量偏大，需要适当休息。

6. 老年人的锻炼

人到老年，身体各器官组织自然老化，器官功能逐渐衰退，新陈代谢过程变慢，身体活动能力下降，从而使老年人好静不好动，活动相对减少，这就进一步促进了老化的发展。因此，老年人应该认识和了解自身的生理特点，积极地进行体育锻炼，就可能有效地增进健康、减缓衰老过程，起到延年益寿的良好作用。

随着年龄的增加，老年人神经系统生理机能发生许多变化。这些变化包括感受器退化、中枢处理信息的能力降低、平衡能力和神经系统的工作能力下降。表现为视力、听力下降，记忆力减退，对刺激反应迟钝，容易疲劳，恢复速度减慢等。中枢处理信息能力下降的主要原因是大量神经细胞萎缩和死亡。老年人脊髓中运动神经细胞数目减少 37%，神经冲动的传导速度减慢 10%，因而使神经肌肉活动能力受影响，表现为反应变慢。65 岁的老年人反应时间比 20 岁年轻人延长了 50%。老年人由于脑干和小脑中细胞数量减少，加上外周感受器机能下降，限制了精确地控制身体运动的能力，导致平衡能力和运动协调性减退，容易跌倒。但是这些衰退并不是不可控制的，研究表明，老年人经常进行体育锻炼，其反应速度较不锻炼的老年人快。连续 20 年体育运动的老年男子，其动作反应与 20 岁无运动的青年男子相似或更快。因此，积极地进行锻炼，特别是采用形神兼备的锻炼方法，在某程度上能延缓神经肌肉功能的衰退。这样就使老人日常生活中行动灵活，避免摔倒等不良事件发生。

在衰老过程中，骨骼肌发生显著的退行性变化。其特征是肌纤维的体积和数量减少，尤其是下肢肌衰退更明显，我们前面也说过人老先老腿。伴随着肌肉体积的减小，肌肉力量也下降。因而老人的动作灵活性、协调性及动作速度都会下降。研究表明，老年人最大的力量可下降 18%~20%，并认为肌肉力量下降的速度与肌肉活动情况有关。经常运动可使毛细血管和肌纤维比值、毛细血管的数目、密度增加，这样就使肌肉得到更多的营养。经常进行阻抗训练，能促进蛋白质的合成，保持肌肉体积及力量，降低其衰老的速度。站桩等训练虽然没有使用器械，其实是有阻抗的。坚持练习也能增强力量，老年人通过运动训练引起的力量变化和年轻人差不多，不要以为老年人就一定没力气了。

随着年龄增长，关节的稳定性和活动性逐渐变差。衰老常伴有胶原纤维降解，关节软骨厚度减小及钙化、弹性丧失，滑膜面纤维化、关节面退化。这种种变化会使关节僵硬，活动范围受限制。体育锻炼可保持关节韧带的韧性和关节的灵活性，使老年人的动作保持一定的幅度和协调性。老年人如果坚持站桩，由于上下的拉伸力量，可使脊柱外形基本保持正常，延缓驼背的出现，脊柱活动功能也较一般人好，脊椎椎体唇样增生的发生率大大低于一般的老年人。

骨质疏松是老年人中较普遍发生的现象，尤其是绝经后的妇女更普遍，绝经后的妇女至少有 1/4 发生骨质疏松。患有骨质疏松症的人极易发生骨折，70 岁以后的人群中有40%发生过骨折。骨质疏松症发生是一个渐进的过程。女子约从 30 岁开始骨中矿物质逐渐丢失，而男子约从 50 岁才开始。60 岁以上的老年人由于骨矿物质的丢失及多孔疏松，会导致骨质量减少 30%~50%。随着年龄增长，骨质疏松引起骨密度和强度下降，就容易发生骨折了，脊柱、髋部、腕部是骨折的易发部位，而髋部骨折在老年人中尤为多见，一旦发生会使得老人不能下床活动，导致体质严重下降。老年人骨质疏松的原因一般认为与钙吸收障碍、运动减少、吸烟、遗传等综合因素有关。这些因素可能引起负钙平衡，使骨中的矿物质含量减少。运动能有效地防止和治疗骨质疏松症。坚持经常运动不仅能阻止骨质的丢失，而且能增加骨矿含量，增加骨矿密度，预防骨质疏松症的发生。此外，还可以改善关节功能、增加柔韧性、增强肌力、保证运动器官的协调性，从而防止摔跤，减少发生骨折的危险。

运动时骨密度的增加受负荷方式、骨骼局部应力及运动量等因素影响。负重运动能增加负重骨的骨质量，使骨骼变得粗壮，没有负荷刺激时则骨质减少。有朋友可能觉得站桩没有负重，其实站桩也是负重运动，因为下肢微屈是要承担身体重量的，上肢抬起也要承担重量，像游泳这样的项目才属于非负重运动。即使是 80 岁老人，坚持每日步行1.6公里也能有效地减少骨质丢失，预防骨质疏松的发生。而在失重状态下工作的宇航员，骨矿含量明显低于正常人群。骨骼承担的压力负荷越大，就越能够增强成骨细胞活性，使骨生成增强。骨质量与骨骼局部受力的关系最为密切。例如网球运动员运动侧前臂的桡骨骨矿含量较对侧高30%以上。所以有一个力量重复作用于某一骨骼，就能增加该骨的骨密度。我们站桩时首先要求把骨骼摆正，然后用筋连接，使筋对骨骼有一定的牵张力，天长日久骨骼会变得粗壮。前面说过形意拳有三步功夫，易骨、易筋、洗髓。第一步就是易骨，前辈说："练之以筑其基，以壮其体，骨体坚如铁石，而形式气质，威严壮似泰山。"

缺乏体育活动与衰老本身都会导致老年人心血管机能下降。运动对老年人来说受益最大的器官是心肺系统。适当的有氧运动能改善心血管机能，能使静息心率减慢、动脉血压降低，每搏输出量、心输出量增加，心肌缺血发生率降低。

一般来说，老年人的心脏容积仍保持不变，但静息时的每一次搏动输出血量减少，这反映了伴随衰老过程，老年人心肌细胞萎缩、冠状动脉出现粥样硬化、左心室舒张和收缩功能减弱。65岁老人的最大心输出量为17~20升/分(L/min)，比25岁的青年人低30%~40%。所以老年人的运动量也必须适当减少，不能像年轻人那样练得疲劳不堪，就人的一生而言，青年时是开拓阶段，老年时是守成阶段，不但事业如此，身体也是一样，青年人大运动量的训练可以提高心肺功能，老年人锻炼的目的则是守住现有的心肺功能。

大血管的弹性随年龄增长而减低，血管硬化增加了血流的外周阻力，使安静时和运动时的收缩压升高。在剧烈运动时，老年人的心率和血压会急剧增加，成为心血管意外的重要诱因之一。所以除了运动量不能过大，运动的剧烈程度也要注意，年龄大的朋友不要练习发力之类的动作了，前面介绍的舒缓动作已经足够健身。

衰老会使呼吸系统的结构和机能产生不良的变化。这些变化表现为肺泡壁变薄、肺泡增大、肺毛细血管数目减少、肺组织的弹性下降、呼吸肌无力等，从而导致肺泡扩散的有效面积减小，肺活量下降。因此，在剧烈运动时，只能通过增加呼吸频率来提高肺通气量，而不是依靠呼吸深度的增加。有氧训练可使老年人的肺功能提高，使最大通气量增加，所以坚持体育锻炼能抑制与衰老相关的肺功能下降。

老年人氧的利用率也会下降，什么叫氧利用率下降呢？是指动脉中运输的氧到组织不能得到充分的利用，又被静脉运回来了。这样即使心肺的功能都很好，动脉血里的氧很充足，外周组织往往还是缺氧的。这个氧利用率以最大摄氧量来评价。耐力训练可使老人的有氧代谢能力提高，延缓氧利用率的下降。进行耐力训练后，老年男女的最大摄氧量分别增加了19%和22%，增加程度与年轻人相似。

随着年龄的增长，老年人血液出现浓、黏、聚、凝的状态，被称为高黏滞血症。高黏滞血症可使微循环的血管形态、血液流变发生异常，直接影响到组织、器官的生理功能。

血黏度增高的危害我们都知道，它会影响血液循环，容易出现血栓等等。有人常认为血液黏稠度和血脂关系最大，其实不是这样，血液的黏稠度主要取决于红细胞的压积（红细胞完全沉积在试管底端，它所占的体积百分比）、血浆黏度与红细胞的变形能力。随年龄增长，老年人的纤维蛋白原增加，而纤溶能力下降，这会使血浆黏度增加。另外，血液中年轻的红细胞数量减少，衰老的红细胞数量增加，过氧化脂质在体内不断积聚以及血管的硬化等因素都能引起血液黏度升高。因此，心输出量及清除代谢产物等机能都将减弱，成为诱发心血管疾病的主要因素。

红细胞变形能力是影响血黏度和血流阻力的重要因素。随着衰老过程的发展，红细胞膜弹性下降，缺乏弹性就使得红细胞难以变形。红细胞的变形能力下降会使循环阻力增加，心脏负担加重。红细胞和人一样，在年轻的时候有很强的变形能力，变形能力好就是说明不僵硬，很灵活，像一个年轻人的肢体特别顺畅，通过比较窄的缝隙没有困难。而上了岁数以后，老胳膊老腿，再通过狭缝就非常缓慢困难了。那么运动对红细胞的变形能力有改善吗？运动也不能使衰老的红细胞变得年轻，但长期运动可以加速衰老红细胞的淘汰，以年轻的红细胞代替，这就降低了红细胞膜的刚性，增加了红细胞膜的弹性。

研究表明，一次性运动可引起血凝和纤溶两个系统同时亢进，但长期坚持锻炼对凝血系统不产生明显影响，而是提高血液的纤溶能力，且不因年龄的增加而下降，但非运动者的纤溶能力会随着年龄增长而下降。纤溶能力就是纤维蛋白的溶解能力，纤维蛋白如果不溶解，就会在血液中交织成网状，影响血液的流动，甚至形成血栓。纤溶能力增强，对于增强血液的流动性、降低血黏度有重要作用。这对改善老人高黏血症及预防心血管疾病有一定的意义。

随着年龄的增长，免疫系统的功能显著降低。由于免疫系统功能衰退，直接影响老年人的身体健康。适当的运动可使机体免疫系统的功能增强。不同运动引起免疫系统的变化趋势有所差异，和运动强度、方式、个体健康和训练水平有关。实验证明，一次剧烈运动可抑制免疫机能，而进行适当的耐力运动后，则机体的免疫系统机能会加强。在实际生活中，常参加锻炼的人患感冒少，因而由感冒引起的一系列疾病，如扁桃体炎、气管炎、肺炎等呼吸道疾病就不容易发生。

衰老的机理研究中有一种“自由基学说”，认为自由基在人体衰老过程中起重要作用，因为它能对机体的很多组织造成氧化。通常认为，过氧化脂质含量表示自由基损伤的程度，而超氧化物歧化酶（SOD）活性反映身体内自由基清除系统的功能状况。提到超氧化物歧化酶大家可能不熟悉，但提到SOD恐怕都听说过，广告里好像有一种SOD蜜，它能防止机体组织的被氧化，人体各组织中的过氧化脂质随年龄增长而升高，而细胞内的超氧化物歧化酶（SOD）随年龄增长而逐渐下降。研究证明，长期健身运动能不同程度地提高老年人抗氧化系统的功能，可阻止血清过氧化脂质的升高，并能减慢中老年人体内超氧化物歧化酶的下降速率，使机体自由基能有效的被清除，减少对正常细胞组织的攻击作用。

人体重量减去全身脂肪重量称为瘦体重，瘦体重发达说明身体强壮，体质好。如运动员或一些平时就注重锻炼身体的人，他们肌肉强健，虽然体重高但却不属于肥胖。老年人的瘦体重较年轻人小，老年男性的瘦体重为 47~53 公斤（青年男子为 56~59 公斤），女性为 31~41 公斤（青年女子为 38~42 公斤）。身体活动能力随着年龄增长而逐渐下降，因而使瘦体重减少和体脂增加，这种体成分的改变将增加老年人发病率及使生理机能减退。

有氧运动可有效地氧化体内脂肪而使体脂下降，而对瘦体重的影响较小。抗阻运动对减少体脂和增加瘦体重均有良好效果。老年人通过抗阻运动后，会引起骨骼肌产生适应性肥大、质量增加，所以表现为瘦体重增加。

第四部分　常见问题答疑

1. 每天站桩多长时间

站桩时间要根据自己的情况灵活掌握，不能千篇一律，总的来说，是要循序渐进。一般需要从 5~10 分钟开始。而且刚开始练习时不要勉强，感觉胳膊酸的不行了，就放下来休息一会。一段时间以后，持续时间自然而然地就可以增加，能达到 40 分钟时，就达到基本量了，因此一天 40~60 分钟已经足够，不要站得过长，因为我们的锻炼项目不仅是站桩，还有后面的狮子抖铃和试力，每天应该练习得比较全面。站桩在时间够长的情况下，还必须注意质量不能下降，即间架不走形，呼吸自然，气不上浮，双臂轻灵自如，肌肉能较好地放松，这时才可认为达标。

有了一定基础以后，尽量不要中断，有酸痛的地方，用意念加以关注并想着放松，一会酸痛就过去了，这样耐力可以不断增强。需要注意的是，站桩不是为了耗时间，感到非常痛苦就不对了，需要休息调整，站桩后感到身心舒畅才是最重要的。

2. 站桩出现颤抖是怎么回事

大多数朋友站桩一段时间以后会出现颤抖，主要是下肢的颤抖，开始时可能很细微，明显时脚会敲得地板咚咚响。这种情况很正常，站桩的用力和日常生活的用力有很大不同，平时的用力虽然也有肌肉的强烈收缩，但基本是间断的，站桩则需要四肢肌肉有持续不断的张力。因此随着站桩时间的延长，工作着的肌肉由于疲劳，就会产生不同的颤抖现象。肌肉通过这种自发的颤抖修复疲劳，以增强耐受力。其次是大脑神经指挥肌肉的能力出现了暂时性障碍，待肌肉疲劳恢复后，这种暂时性障碍也会随之消失。

经过一段时间的跳动以后，由于肌肉耐劳力和神经系统控制能力的增强，颤抖就会逐渐地平息。发生颤抖也不必担心，继续坚持几分钟，因为在发生颤抖后的这段时间里对肌肉锻炼的效果比较好。当然，如果实在是坚持不住了，也可稍微把身体抬高 2 厘米，以缓解过度的颤抖，当颤抖停止或肌肉疲劳得到暂时缓解之后，再往下蹲 2 厘米。经过一段时间以后，随着耐力的增强，再站就不会颤抖了。

3. 站桩时肩背过于酸痛怎么办

站桩时由于需要双臂上抬，肩背部的肌肉总要保持一定的张力，时间一长必然造成肌肉的疲劳，出现酸痛感，这时应该注意肌肉的放松，使肌肉从僵硬状态中解放出来，自然会使酸痛沉重感减轻或消失，注意两肩的横撑也有助于肩部的放松。

另外，站桩时间不能过长，坚持的时间是和自己的功力对应的。初学站桩，身体还很僵滞，这时若单纯地追求时间，很容易产生疲劳。肌肉酸痛有时还和站桩的方式有关，有人一站桩就纹丝不动，这是不对的，站桩时需要不断地调整自己的身体，寻找舒适的姿势状态，不能根据自己的情况微调姿势，肯定会出现肌肉的酸痛，而且这种酸痛不仅会出现在肩部，身体的任何部位都可能出现。所以站桩一定要灵动圆活，死板的站桩是没有效果的。

4. 站桩有没有年龄和性别上的限制和要求

站桩只有一个微屈膝加胸前抱圆的动作，并且不强调入静，不要意守，无需收功。没有特殊的环境、场所及其他任何附加的条件和要求，因此也就没有特定的年龄、性别限制。男女老幼只要能站立的都可以锻炼，但未成年人不要练习，并不是说未成年人站桩有什么伤害，主要是因为站桩需要有一定的理解能力，年龄太小理解不了，只是站着耗时间，意义不大。不如练习一些运动量大的项目，如跑步、跳绳等等，以提高心肺功能、身体素质。如果将来想练习武术的，可以先练习长拳，对提高身体的协调能力、柔韧性等都很有帮助。

5. 站桩时能不能看电视、听音乐

站桩是要锻炼身心两方面的，不像跑步游泳只锻炼形体。所以站桩的时候不要看电视，因为一看电视，精神就跟着电视跑了，不能做到形神合一。站桩时有很多假借的意念，看电视时往往不知不觉就把这些意念丢掉了，这样的站桩只是锻炼了形体，和其他体育项目没什么区别，把活泼的训练变成了枯燥的耐力训练，效果就差了很多。站桩不要求入静，所以不可能时时刻刻保持精神集中，假借的意识可能保持一会就忘了，也可能顾此失彼，这都不要紧，忘了的地方再重新接上，但必须尽量保持精神集中，把精神放在自己身上。如果看电视就有一部分精神跟着剧情跑了，在身上留守的精神只占了一部分，剧情紧张的时候，恐怕这一部分也没有了，所以我们不提倡站桩时看电视。

但是这个问题也要辨证地看，有朋友说，我不是站桩时看电视，我是看电视时也站桩。也就是说每天都有集中精神站桩的时间了，并且站桩时间也够。但是想保持这种状态不丢，在生活中也尽量站桩，这倒是好事，体力允许的情况下，站桩的姿势看电视，总比歪在沙发上看要好，能把站桩的意识贯穿到行走坐卧中是很有好处的。

至于站桩时能不能听音乐，也要区别对待。舒缓、抒情的音乐是可以的，能够使我们心情舒畅，更加愉悦地练功。太动感的音乐就有影响了，因为节奏急促的音乐会使我们的身体无法放松。还有一些练太极拳的朋友喜欢放音乐，播放音乐可以，但要注意音乐只能作为一个背景，不要像做广播体操一样，跟着它的口令走，不能说口令中喊了白鹤亮翅，我就必须做白鹤亮翅，它喊野马分鬃，我也赶紧做野马分鬃，这样的锻炼受束缚而不从容。动作的快慢要根据自己的感觉来，我们身体都有自身的节奏，跟着自己的节奏才能自然，千万不要削足适履。

6. 站桩时重量是放在前脚掌还是后脚跟

站桩要讲究适中，不能偏到一边。如果完全把重量放在了前脚掌，是能够增加小腿及踝关节附近肌肉的力量，但也容易导致脚掌僵紧；如果把重量都压在脚跟，时间长了也会压得脚跟疼痛。所以重心过前过后都不好，要找一个适中的位置，在这个位置感到脚很放松，把重量均匀地分散到整个脚上了，设想站在松软的土地上，这样就把双脚解放出来。人和人的体型不一样，因此不要规定死了是前三分之一还是后三分之一等等，要以自己的感觉为标准。

7. 站桩是否可以自学

可以说，只要是生活能够自理的人，就可以自学站桩。因为站桩不是气功，所以没有出现偏差等说法，也没有武术套路，动作非常的简单，只要认真站就会对身体有好处，可能理解能力强的效率更高，理解力差的出效果也慢，只有这一点区别。因此不要担心自学学不会。但这是对健身来说的，也就是说，以健身为目的的人，完全可以自学，而对于那些以练武功为目的的人，仅仅看书自学未必可以，需要老师不断地指导并纠正才行。否则可能出现站桩多年，身体状况好转，但就是功夫进步慢的情况。

8. 站桩时要求闭眼还是睁眼

很多朋友问这个问题，其实这个没有特定要求，睁眼或闭眼是可以随意的。闭眼可以少受外界干扰，可能更容易集中精神。而且对于一些体质虚弱的人，闭眼锻炼更能减少他们自身的能量消耗，达到更好的锻炼效果。但闭眼时间长了容易昏沉，而且闭眼站桩，身体的平衡不好控制，有可能出现晃动或歪斜。我们刚开始站桩时，对身体位置的感觉不强，睁眼时两个上肢是很对称的，但闭眼一会以后，会出现双手一前一后或一高一低的情况，这是缺乏视力的监控造成的，这种情况就不能总是闭眼。就站桩的传统来说，是不闭眼的，因为站桩是从武术中来的，闭眼站桩，自身与外界没有了联系，已失去技击的本义。所以说睁眼和闭眼可以自己选择，不是必须怎么样才对。

9. 站桩时膝盖疼痛怎么办

站桩时由于膝盖比较吃重，时间长了可能会感觉疼痛。这时需要注意站桩姿势不要过低，有人可能感觉自己体力还可以，但膝盖周围的韧带等组织强度还没有达到一定程度，就把桩站得很低，这是拔苗助长的做法，不但对膝盖有损伤，还会影响整个身体的放松。训练一定要循序渐进，而且即使经常站桩的人，也不是站得特别低，因为我们是整体的锻炼，不是为了单纯增长下肢力量的。

膝盖疼痛除了姿势太低以外，还有一个原因就是没有掌握好方法，站桩时要求圆裆，圆裆是向外撑的力，而膝盖又要求里合，这样两种力量结合起来就对下肢有一种拧劲，有了拧劲就能把体重平均地分配到整个下肢，而不是单纯的压在膝盖上，这个道理就像毛巾拧紧以后可以立起来。可以说体会到拧劲以后，长时间地站桩也不会感到膝盖疲劳或疼痛了。

10. 冬天站桩手凉怎么办

冬天站桩应该在室内进行，因为站桩不像跑步产热那么多，如果站完以后周身还没暖过来，很容易感冒。而在室内站桩也有人感觉手凉，这是外周的血液循环不够通畅造成的。注意手不要太僵，我们要求手腕以前应该崩上点劲，但不能过于用力，手如果一僵紧就影响气血的运行而发凉。另外需要注意的是，站桩时要精神笼罩到全身，有了精神到达的地方，气血也就能跟着到达，然后就有了暖融融的感觉。所以站桩时手凉不要着急，只要按要求做了，手脚温暖是自热而然的事情。有可能越纠结气血就越不通畅，反而手脚不容易温暖。

有些朋友还会出现一手凉、一手热的情况，这也可以说是一种较有代表性的身体反应。站桩不仅两手会出现一凉一热的反应，前胸后背、上身下肢等身体部位也时常会出现这种一凉一热的身体反应。上述这些身体反应都说明体内经络通畅度不平衡，经络没有彻底贯通，可以继续坚持站桩，或配合我们介绍的倒血换气方法，时间长了可以改善。

11. 身体疲惫困乏时或感冒时是否坚持站桩

有人对坚持锻炼理解得很死板，认为一天不落才叫坚持，不论什么状况都咬牙坚持，这是不对的。身体疲惫困乏时就不宜站桩，因为疲惫是身体给我们提供的信号，提示需要休息，我们就应该顺应自然地休息才是对身体负责，这样的状态下站桩，精神提不起来，即使勉强站桩也是无效站桩。

如果是感冒，就更应该休息了，感冒是身体受到了外邪的侵犯，这时机体需要调集正气去体表抗邪，所以应该减少体力活动，以便把正气节省下来，如果在这个时候再消耗体力，体表抗邪的力量就不足了，弄不好会导致病邪入里，所以感冒虽然是小病，也要引起重视，千万不要带病坚持，应等病好了再站。

12. 站桩是一动不动吗?

站桩时需要不断地微调姿势，所以不是一动不动的。

一动不动必然会导致身体僵滞而不活泼。站桩的形式是静止的，但静中必须有生机，即静中寓动，感觉气血的充盈旺盛，王芗斋先生说“静似海水溢”，可以说既不是完全的静止，也不是波涛汹涌，而是在静中有增长。形意拳名家李仲轩先生说过：“冬天虫子钻在地里死了一般，等到春天，地里生机一起，虫子就活了。站桩要站出这份生机，如虫子复苏般萌动，身上就有了精力。站桩一会后，自然能体会到一种流动感，身上有的地方顺畅，有的地方异样，便缓缓转动，或是抖一抖，直到整体通畅。以外在的形体调整内在的机能。”李老对站桩这种现象的描述是身体中自然而然产生的，这种虫子蠕动、流动的感觉是本能的，不是想象产生的。

13. 站桩会引起或加重静脉曲张吗？

我们都知道静脉曲张是由于长期站立引起的，而我们站桩时需要站立很长时间，这会不会导致或加重静脉曲张呢？如果是直腿站立，那可能会引起静脉曲张，因为直腿站立时，下肢的肌肉没有交替地收缩，缺乏肌肉对静脉的挤压，血液在下肢静脉中就不容易回流。而保持站桩的姿势则不一样，我们要求腿微屈，这样下肢肌肉必须有一定的张力，并且这种肌肉收缩是交替进行的，前面提到站桩不是一动不动，而是在不断的微动，所以下肢的肌肉其实是在不断地挤压静脉，促进血液的回流，把血液从有瓣膜的静脉中挤回心脏，下肢也因而被喻为“人体第二个心脏”。可以说，站桩不一定能减轻静脉曲张，但可以肯定的是不会加重或导致静脉曲张。

14. 站桩时感到气短怎么办

有人站桩几分钟以后会出现胸闷憋气的现象，这要首先排除器质性的疾病，比如心功能不全、支气管炎等等。如果有这些疾病，那就要减少运动量，站得再高一点，双臂放低一点，站桩时间也短一点，站桩虽然是很缓和的运动，但运动量也要逐步增加，不然很多慢性病人难以适应。如果没有这些慢性病或者年轻人也感到气短，那是气太浮了，膈肌紧张导致气沉不下去。这时注意不要抬肩，两个肩窝和胸窝不要僵紧，也就是常说的“三窝要松”，慢慢地气就可以沉下去，胸腹之间松畅以后，气短的感觉就消失了。

15. 站桩时手麻是怎么回事

手麻也非常常见，一般是因为经脉不够通畅造成的，一个姿势保持很久，如果这个姿势不够合理的话，可能会压到经脉，时间一长就麻木了。这时不要一动不动，上肢微调一下姿势，原来受到挤压的经脉可能就通畅了。

微调一下还不能解决的，可能是上肢没有拉伸，经脉没有拉开，里面还有结滞，站桩时气血冲不过去。这种情况应注意两肩横撑，即双肩往两边拉伸，双手有合抱的意思，这样就把整个上肢拉成一个圈，更有利于气血的通畅，几天以后可能就不麻了。

16. 站桩出现头晕怎么办

如果是老年人出现头晕，首先要检查一下血压，血压太高时不要站桩，必须血压平稳时锻炼。如果血压不高也头晕，可能是颈部过于僵滞了，颈部一紧张使得头部的气血也不流畅，除了头晕以外，还可能有头皮发麻等表现，这就要调整一下颈部，注意放松，稍微地活动一下头项，并注意头部不要过度地上拉，慢慢地头晕会得到改善。

还有一种头晕是由于气血虚弱，坐着不动的时候勉强够用，一旦站起来并带有一定运动负荷以后，头部出现了气血不足的情况，可能出现头晕眼花等表现，这时先不要站桩，可以先坐在椅子上，上身挺直，双臂抬起，和站桩时的要求一样，这是属于坐式的桩，适合体虚的人锻炼。

17. 站桩枯燥吗?

站桩在初级阶段可能比较枯燥乏味，坚持 10 分钟都感觉很困难，是一分一分的数着过的。这个时候需要有点毅力坚持一下，随着功夫的深入，找到感觉以后就不枯燥了。站桩表面上虽然很闲，精神上却是非常忙的，要照顾到周身的夹球感、牵挂感等等，可以说脑子忙都忙不过来。感到枯燥的一般都是没有真正用意念，只是站着耗体力了，那当然会很枯燥。站桩锻炼和跑步不一样，跑步主要是锻炼体能，站桩还要锻炼运动技能，凡是锻炼技能的运动项目都是有乐趣的，因为每天都在进步。只要追求功夫每天都有所进步，站桩就有了动力和目的，不再是消耗式的傻站。

老前辈们都是几十年如一日地站桩，如果很枯燥是难以坚持下来的，他们可以说满脑子就是这点事，练功完全成了生活中的一部分。我们讲一个故事，在民国时期有一位叫薛颠的武林前辈，是非常痴迷练功的人，有一次要收徒弟，不让徒弟送礼物，他说自己又不缺棍子。这说明什么问题呢？他脑子里只有武术，所以想当然地认为徒弟送礼就会送根棍子，确实到了不疯魔不成佛的地步。我们锻炼也要多少有点这种精神，不是每天应付公事的熬那点时间。

18. 站桩时能不能上厕所

站桩和上厕所是没有冲突的，随时都可以去。需要注意的是，站桩之前必须把大小便清理干净，不能憋着二便练功。一是会干扰精神的集中，把注意力吸引过去了，二是会扰乱身体气机的运行。

19. 站桩到底有没有副作用

站桩本身是健身的，但任何事情都有两面性，如果不能掌握适度，运动过量了对身体也是有伤害的。过去有很多武林高手并不长寿就是例子，因为对身体造成了透支，和一些运动员年老以后身体不好是一个道理。但是我们现在普遍存在的是缺乏运动，不是运动过量，所以不必过于担心。可以说只要不是高龄或有慢性病，就不用担心体力透支。当然，短时的体力透支是可能出现的，有人突然心血来潮，一天站了四五个小时，第二天肯定浑身酸懒、精神不振。但短时的透支，也可以在短时恢复，所以对身体没有太大影响。

20. 站桩站得大腿内侧疼是怎么回事

站桩时有一种意念是两只脚各踩在一条船上，这两只船当然很容易分开，我们要用腿的劲把船控制住，这种训练很能锻炼腿内侧的肌肉。出现大腿内侧疼的情况说明大腿内侧的肌肉已经被调动起来，是用力全面的表现。很多人站桩时只是把体重压在膝盖上，而没有圆裆合膝等意识，对下肢的肌肉锻炼就不全面。如果真的把下肢要领做到位，可以摸到大腿内侧有筋是绷着的，这条筋平时很少吃力，现在绷了起来就容易出现酸疼感，时间长了形成习惯就不会再疼了。

21. 站的时候没觉到累，站桩过后为什么全身都有点累

站桩时需要精神集中，兴奋性是很高的，所以机体有些

疲劳也被掩盖了，站桩结束后，精神的兴奋性不再那么高涨，疲劳感就显现出来，这一点和跑步等锻炼是不同的。因此站桩不能站到精疲力尽，那时就已经透支了，每次要留有余兴，戛然而止最好。

22. 腰间盘突出患者能不能站桩？有没有康复作用？

腰间盘突出的患者完全可以站桩，站桩能够使腰椎处于一个合适的位置结构，减轻了椎间盘受力不均匀的情况，改善了血液循环，并且增强了腰椎周围韧带、肌肉的强度。所以能预防腰间盘突出，缓解症状。

23. 站桩怎么入静？

站桩要求精神很集中，但并不要求入静。入静是比较难的意念活动，不容易被大众群体掌握，真正的入静我们也没有体验，因此不敢妄加评论。而站桩的意念假借则相对来说更容易一些，只要我们把日常生活中的一些体验回忆起来，并保持真实感就行了。找不到感觉时，也可以用实物辅助一下，记住这种感觉，然后再去掉实物，比如要找手和脚的牵挂感，可以真的找一根皮筋挂在手和脚上，并牵拉一下，可以很容易找到感觉，所以说站桩时的意念是具体而真实的。

24. 站桩以后为何屁比较多

站桩能够充盈气血，原来体内在气血虚弱的时候，可能有些地方不够畅通。现在气血增强了，同时又能使气血运行加速，冲开了原来郁阻不通的地方，使得肠蠕动加快，就会把肠道中存留的气体排出，这是一个很正常的现象。还有人打嗝增多，也是同一个道理。

25. 睡眠不好，站桩有效果吗?

现在很多人作息时间不规律，工作压力过大，用脑过度等多种原因都可能引起失眠，要改善这种状况，站桩是有一定效果的，练功到一定程度后，由于大脑皮质抑制作用的增强，练习者大脑皮质的兴奋能够得到有效控制，不知不觉就会改善了睡眠。不是说站桩能提起精神吗？怎么又说抑制大脑皮质的兴奋，这两种兴奋是不同的，失眠的兴奋是由于思考问题造成的，在脑子里总有逻辑推理之类的思维活动，有这种思维是影响睡眠的，所以晚上尽量别思考大量深奥的问题，站桩的提起精神则不同，思考的问题单一，不用翻来覆去的琢磨，可以说是以一念代万念，因此有助于睡眠。

当然站桩对睡眠的好转不可能是立竿见影的，需要长时间的锻炼才能见效，如果想专门改善睡眠可以在床上体会站桩的状态，在床上当然不可能摆出姿势了，主要是体会放松，设想身体的每块肌肉都不再绷紧，逐渐地松弛下来。也可以假想有温水从头上淋下来，逐渐从头流到脚，随着这种由上到下的意念，阳气也可以逐渐入里，失眠的机理就是阳不入阴，阳气老在外面漂浮着，所以不能入睡，现在有假借的意念配合着，协助了阳气入阴，人就会逐渐发困。

26. 是不是站桩注重意念，就不看重姿势要求了

我们经常说“不求形骸似，但求神意足”，似乎姿势是否正确就不重要了，其实不是这样。“意为形之君，形为意之舍”，形和意是辩证统一的，对于初学者来说，形体要求是第一位的，比如悬顶、沉肩、坠肘、空胸、实腹、拔背、提肛、掖胯、圆裆、合膝等，这些要领都要注意到。老师对学生的检查，也是从外形上检查的，因为意念又看不见，老师怎么知道你用意对不对，他是通过外在的姿势来推测的，形不正则意不顺。练习者应在一定的练功时间里逐一检查形体，然后才是注重神意。

27. 站桩并没有动作，为什么说是运动？

站桩外形看上去好似不动，像大树一样，而内部却生生不已。练习者是在静的状态下，调整人体的呼吸，通畅血脉，改变骨质，温养肌肉，疏通经络，使得全身的气血趋于平衡，并培补人的正气，所以站桩被称为不动之动。

28. 狮子抖铃时经常停顿是怎么回事

我们的抖动要从慢开始逐渐加快，不要一上来就那么快，因为要抖起来必须是一对肌肉的交替收缩舒张，它们舒缩的转换受运动中枢的控制，需要长时间的训练才能形成反射，所以刚开始练习出现停顿的现象很正常。这时可以把速度降下来，重新开始。一般每天开始的十几分钟都比较费劲，十几分钟以后就会很顺畅了。

29. 狮子抖铃需要练习多长时间

这个也是要根据体质状况和练习的目的来决定，身体素质差的 10 分钟左右即可。而如果身体素质较好，又有减肥等目的的人，则需要 30 分钟以上。我们说过，有氧运动的开始阶段，机体是靠糖来供能的，必须半小时以后才逐渐地转为脂类物质供能，因此必须有一个时间的保证。

关于减肥多说两句，很多人有一个观点，认为减肥是练哪里就瘦哪里，比如想瘦肚子就拼命练仰卧起坐。这种观点是没有依据的，我们知道脂肪没有收缩的功能，练仰卧起坐不过是锻炼了腹肌，对腹部的脂肪并不能减少，只能说锻炼的时间足够长，像刚才所说的，30 分钟以后开始消耗全身的脂肪，这时腹部的脂肪也会伴随减少，所以减肥最好是全身运动，单练一个部位毕竟消耗的热量少。当然仰卧起坐有时也确实能达到瘦肚子的视觉效果，因为腹肌力量增强以后，能够使腹部收紧，显得肚子小了，其实脂肪并没有减少。

人的肚子增大其实是一个老化过程，是脾虚的表现，中医认为脾主散精，它把吃入的水谷精微散布到全身，这样全身得到营养，腹部也不会过于肥胖。现在随着人体的老化，脾的功能减弱了，吃入的营养有很多不能散到全身，结果就是沉积在腹部，所以要想解决大腹便便的状况，必须提高整体的身体素质，延缓机体的老化，不要寄托于专项的局部训练，那解决不了根本问题。

需要注意的是，腹部过于瘦瘪也是不对的，腹部属地气，地气不能太贫瘠，有一定的厚度才养人。所以人过了30以后，腹部正常是微圆，不要再追求20多岁时的体型了，那就有点不现实，也不健康，三四十岁以后的人，肚子还凹进去，往往伴有营养不良。

30. 练试力主要先练一种还是几种同练

试力种类繁多，对于健身来说没有必要都掌握，因此我们选择了有代表性的几个动作介绍，但即使这几种也很难同时掌握，所以还是先练一种，熟练后再练其他，这样才能事半功倍。如果我们同时进行几种练习，反会多而杂乱不利于劲力的体认。一般来说波浪试力比较容易掌握，所以常被作为最基础的试力，初学者应该反复练习，而且在定步的练习有感觉以后，就要结合步子，在走动中练习，这样才能更好地上下相随，周身一家。

31. 试力中如何进行整体找劲呢?

试力时需要由局部到整体的具体摸劲。试力初期，由于神经肌肉系统缺乏在这种运动状态下工作的经验，故很难协调统一，这时可先从局部摸劲入手。由于手的感觉灵敏，故在体会外界阻力时可先从手开始，待手上有了感觉之后，就要逐步延伸至手臂、躯干、下肢，最后周身无处不有阻力感。这种与外界的呼应，可以理解成空气阻力感，体会在空气中游泳。

32. 练试力先舒展点好还是紧凑点好

初练试力，应该追求动作的舒展，如果试力一开始就求架子紧凑，那么身上力量就放不开，难免憋在身上。这样对气血的运行也起不到疏通的作用。所以初学者神意要开阔，姿势要舒展，在开阔的神意与舒展大方的姿势相结合下，感到身上力量能够从脚下传至腰背及上肢稍节后，就要逐步将姿势由舒展向紧凑过渡，有些高手往往用很小的动作就能把人打出去，在外人看来就是一哆嗦，但这一哆嗦是从舒展的动作一步一步缩小的，不是从始至终都是这么小的动作。

图书在版编目(CIP)数据

一站一抖出健康 / 江海涛编著；张颖超传授.
- 北京：人民体育出版社，2016
ISBN 978-7-5009-5021-9

Ⅰ.①一…　Ⅱ.①江…　②张…　Ⅲ.①健身运动
Ⅳ.①G883

中国版本图书馆 CIP 数据核字（2016）第 188357 号

*

人民体育出版社出版发行
三河兴达印务有限公司印刷
新　华　书　店　经　销

*

880×1230　32 开本　5.25 印张　140 千字
2016 年 12 月第 1 版　　2016 年 12 月第 1 次印刷
印数：1—5,000 册

*

ISBN 978-7-5009-5021-9
定价：25.00 元

社址：北京市东城区体育馆路 8 号（天坛公园东门）
电话：67151482（发行部）　　　　邮编：100061
传真：67151483　　　　　　　　　邮购：67118491
网址：www.sportspublish.com
（购买本社图书，如遇有缺损页可与邮购部联系）